Emilie Mathieu

Quand dansent les deux roues

À mon Valentin et notre petite Emy.

Édition : BoD – Books on Demand,
12/14 rond-point des Champs-Élysées, 75008 Paris
Impression : BoD - Books on Demand, Norderstedt, Allemagne
Dépôt légal : Avril 2022

Copyright © 2022 Emilie Mathieu
Tous droits réservés.
ISBN-13 : 9782322401253

*Fais de ta vie un rêve
et d'un rêve, une réalité.*
Antoine de Saint-Exupéry

Prologue

Je suis une femme. Enfin, tout est relatif, ça dépend de la définition que vous donnez à ce mot. Si pour vous, une femme est un être humain avec une paire de boobs, un utérus et des règles, alors oui, j'en suis une. Si une femme doit être élancée, mince et proportionnée comme une Barbie, avoir les cheveux longs, la peau lisse et maquillée, sapée comme jamais, alors je ne suis pas une femme. Seulement un être humain évoluant tant bien que mal dans cette société malfamée et stéréotypée.

J'aimerais travailler en jogging, mais je fais un effort : jean, baskets, tee-shirt noir. Essayez de trouver chaussure à votre pied alors que vous ne chaussez que du 34 ! Alors oui, le budget chaussures chez les enfants est vraiment intéressant, mais on en parle des modèles ? C'est pour ça, rien ne vaut une bonne petite paire de baskets !

Maquillée deux fois par mois, je fais une sacrée économie de temps de préparation et de démaquillage, de budget aussi. Au moins, comme ça, pas de mauvaises surprises ni de frayeurs : ma tête, les gens la voient direct sans se demander ce qui pourrait bien se cacher sous la peinture. En été, j'ose la robe longue et les nu-pieds, youhou ! Vêtements parfois colorés, histoire de changer du noir. Oui, y'a trop de folie dans ma vie !

Souvent, je me dis que j'aurais dû vivre dans les années cinquante, comme Marilyn. Elle est connue pour avoir été l'une des plus belles femmes de l'Histoire, l'icône la plus sexy du monde, jusqu'à sa mort en 1962. Un ventre pas si tonique, des cuisses qui se touchaient, des bras pas trop minces, des seins pas fermes non plus... Bon d'accord, il me manque les vergetures pour avoir le combo complet et j'aurais pu dire « Je suis une Marilyn ! » Le jour où je dirai Je suis belle » et que, bien sûr, je le penserai, les poules auront des dents. Oh putain, l'expression de vieux !

> **PUTAIN** (n. f.) *mot français*. **Putain** peut être utilisé de plusieurs façons et il s'agit probablement du seul **putain** de mot qui peut être utilisé dans chaque **putain** de phrase tout en gardant un **putain** de sens.

Alors oui, *putain* est mon mot favori que, ô toi lecteur, tu liras plus d'une fois ici. N'en sois pas choqué.

Il est ma colère, ma peur, mon envie, ma joie, mon bonheur, ma tristesse, ma jalousie, ma faim, ma perte de la télécommande. Il est mon interjection invariable française s'utilisant tout le temps et surtout pour tout. Il est mon tout, il est ma délivrance émotionnelle.

C'est difficile et complexe d'être une femme. « Ta jupe est trop moulante et ton haut, trop court. Tu n'es pas assez habillée. Tu es trop couverte, sois féminine un peu ! Mets des talons. Ne provoque pas, car les hommes ont des besoins et ne savent pas se contrôler. Sois sexy, belle et désirable. Tu es trop grosse, fais un régime bordel ! Tu es trop mince, il faut que tu manges plus. Tu dois perdre du poids. Tu as trop maigri, on dirait un squelette, tu dois faire un XS, non ? Les hommes aiment les femmes en chair. Tu as des vergetures et de la cellulite. Fais ce qu'il faut pour que ça disparaisse. Pourquoi tu ne manges pas ? Tu as l'air malade. Va chez l'esthéticienne, ne garde pas tes poils. Décolore tes cheveux. Maquille-toi. Pulpe tes lèvres. Mets du botox pour supprimer tes rides. Rentre ton ventre. Mets tes seins en avant avec un joli décolleté. Tu te fais trop voir, les hommes n'aiment pas les femmes qui en font trop. Tu ne fais pas d'efforts, ne te laisse pas aller comme ça !

Laisse-toi pousser les cheveux, les cheveux courts c'est moche, ce n'est pas féminin. Ne couche pas à droite et à gauche, les hommes n'aiment pas les putes. Ne sois pas aussi coincée, fais plaisir aux hommes ! Sois coquine, sympa, cool. Ne parle pas trop fort. Tais-toi. Pourquoi tu ne dis rien ? Parle ! Ne sois pas aussi émotive, tu es trop sensible. Arrête de pleurer. Ne crie pas. N'insulte pas, c'est pas beau dans la bouche d'une fille. Supporte la douleur, ne te plains pas. Occupe-toi du linge. Fais le ménage et la cuisine. Fais-lui un enfant. Reste à la maison. Va travailler. Pourquoi tu vas travailler alors que tu as tes enfants à t'occuper ? Ne bois pas trop. Ne dis pas oui. Ne dis pas non. Sois juste une femme. »

Mais avant ça…

1.

Machine à remonter le temps

Avant ça, j'ai eu une enfance normale avec des parents aimants qui sont toujours ensemble. Je me permets de préciser puisqu'il est fréquent de se séparer après avoir eu un enfant. C'est triste et douloureux. Ça me fait de la peine pour ces enfants, même si, on ne va pas se mentir, il vaut mieux des parents séparés heureux que malheureux ensemble. Avec mon frère aîné de trois ans mon aîné, on a vécu notre enfance dans la même maison, avec un grand jardin.

Nous sommes en 2022, mes parents ont dépassé trente ans de mariage, sans compter les années avant cette union officielle. Vous allez vous moquer de moi si je vous dis que j'y crois encore, à ça ? Vivre avec l'amour de sa vie, pour toujours. Je suis très fleur bleue, romantique, cul-cul, je vous laisse choisir votre expression favorite. Oui, j'ose encore y croire ! Ça a été le cas pour mes grands-parents et mes parents... Alors, pourquoi pas moi ? Le premier amour est important et inoubliable. Il nous fait découvrir qui nous sommes et comment nous sommes. C'est grâce à lui que l'on comprend le vrai sens de l'amour. On tuerait, on mourrait pour l'amour de sa vie, non ?

À l'école, j'ai toujours été la plus petite chose au milieu des autres. Dans mon village de campagne où tout le monde se connaissait, j'avais plein de copains et de copines. J'étais la seule de ma génération à ne pas adhérer au club de basket ni à suivre les cours de catéchisme. Mon frère aussi, d'ailleurs. De toute façon, le basket, faut être grande et le caté machin, c'est quoi ça ? Ça sert à quoi cette doctrine et morale chrétienne ? Oui, j'aurais pu aller au cours pour avoir des cadeaux à la communion, mais bon, je n'ai pas été très maline sur ce coup-là ! Je ne regrette pas et je remercie mes parents de nous avoir laissé le choix, de ne pas nous avoir imposé une religion. Attention, je tiens à préciser qu'il ne s'agit que de mon avis. Athée, je respecte, bien sûr, que vous ayez pu assister à cet enseignement ! C'est même respectable d'en avoir eu l'envie. Je reconnais juste que ça me passe complètement au-dessus et, vu ma taille, ce n'est pas très compliqué…

Un peu d'autodérision ne fait pas de mal. Il en faut beaucoup pour ne pas focaliser sur son plus grand handicap. Essayez de vous mettre à la hauteur d'une personne de petite taille, à longueur de journée. Tentez de voir le monde comme elle le voit, vous verrez, c'est plus que fatigant !

Je ne vous parle pas des chaussures impossibles à supporter parce que le mode d'emploi *Savoir marcher avec des talons* n'est pas fourni à l'achat. Un excès de confiance soudain, on les achète pour une occasion. Au final, on dirait un marcassin qui essaie de traverser un lac gelé. Au bout de deux heures à peine, les pieds demandent à être libérés pour pouvoir respirer et ne plus être en apnée. Je les envie ces filles qui savent marcher avec ces chaussures de torture. Mais vous, les grandes, en mettant des talons, vous voulez choper un aigle en plein vol, ou comment ça se passe ? Je suis mauvaise.

Non, jalouse, je l'ai dit. Je me permets, car j'ai des collègues, des mannequins de l'espace, à qui j'ai déjà fait la blagounette. Autrement, je n'aurais pas osé. Ce genre de collègues à côté de qui tu fais tache quand l'une est à ta droite et l'autre à ta gauche. La star entourée de ses deux gardes du corps, il vaut mieux en rire ! Si j'avais une baguette magique, je me donnerais dix centimètres de plus.

Au collège, il y a trois catégories qui se forment : les populaires, les invisibles et les bizutés. Je faisais partie des invisibles durant ma sixième, le garçon manqué qui se cachait derrière des pantalons et des sweats larges. Bonne élève, sans être fayotte, j'étais celle qui ne faisait pas d'histoires. Mal dans ma peau, mais je m'en sortais à peu près. En cinquième, je suis tombée amoureuse pour la première fois. Le premier bisou timide avant la première pelle, les premières lettres d'amour, les SMS payants jusqu'à pas d'heure (en faisant bien attention à ne pas dépasser le nombre de lettres nécessaires), les discussions sur MSN, les hors-forfait téléphoniques, le portable confisqué pendant deux mois par le papa... Deux interminables mois, je m'en souviens encore !

Si toi aussi tu as grandi dans les années 1990, alors tu fais aussi partie des rescapés de la plus belle époque avec les Walkmans, les VHS, le magnétoscope, le caméscope, les petites cassettes d'autoradio et j'en passe... À partir des années 2000, tout a basculé.

J'étais en avance par rapport aux filles de mon âge, ma poitrine s'est développée au CM1 et mes règles sont arrivées lorsque j'étais en sixième. Je portais un soutien-gorge alors que mes camarades mettaient une brassière, dont l'utilité, entre nous, est égale à zéro. Bon, ma poitrine est arrivée tôt, mais elle a arrêté de se développer ensuite ! J'ai dû abandonner l'espoir d'avoir des nénés de bonne taille. Je ne savais pas pourquoi mon corps subissait tous ces changements. J'ai appris toute seule, avec des magazines de filles et des émissions de jeunes. J'avais décidé de ne plus rien dire à ma mère à propos de n'importe quelle transformation corporelle et de trouver les réponses par moi-même. Je me suis sentie trahie à huit ans. J'avais mal aux tétons rien qu'en les touchant et je sentais une boule à l'intérieur de chacun. Forcément, j'ai appelé ma mère pour le lui dire. C'est là que j'ai appris que mes seins avaient décidé de commencer à sortir. Elle s'est empressée d'aller le raconter à sa sœur et à ma mamie. Douche froide. C'est seulement là que ma mère a réalisé que je grandissais. Plus tard, quand j'ai eu mes règles et que j'ai simplement mis dans le caddie les protections nécessaires sans broncher, mon cœur s'est serré de honte. Pourquoi ? Aucune idée. Je n'ai jamais assumé. Je me sens sale à chaque période du mois, aujourd'hui encore. D'ailleurs, on en parle de tout ce que notre corps de femme subit par rapport au corps du mâle qui a, comme seul soucis, la toile de tente au réveil ? Et le changement de voix. Moi, je vous le dis, il vaut mieux avoir un pénis !

En quatrième ou en troisième (je ne sais plus exactement, il faudrait que je retrouve les photos de classe), je suis devenue la victime de deux filles, N. et C.. Je revois encore leurs visages. J'entends encore leurs voix. Je me souviens de leurs démarches et de leurs styles. C'étaient des populaires, elles ! N. s'en est pris à moi verbalement, du foutage de gueule, des réflexions et des mesquineries à longueur de journée. J'ai eu le droit à une boule puante dans mon sac. Manque de bol, celle-ci n'a pas explosé, j'ai pu la trouver et la jeter. Elle entraînait certains avec elle dans sa méchanceté, ça les faisait marrer.

Coup de massue, ce n'était pas possible, j'allais devoir faire l'année avec cette mégère qui s'en prenait à moi pour une raison encore inconnue à ce jour. Elle n'était d'ailleurs pas beaucoup plus grande que moi, celle-là ! Elle amusait la galerie et, un jour, j'ai craqué, cette situation ne pouvait plus durer. J'ai parlé à mon professeur principal d'Histoire-Géo, Monsieur C., un prof au top du top ! Je lui ai expliqué la situation en demandant à changer de classe. Heureusement, il a mis les choses au clair devant tout le monde en demandant que ce manège cesse. Je crois que je ne l'ai jamais remercié pour ce qu'il a fait. J'ai eu de plates excuses et même le poil brossé. Je pense qu'elle ne s'attendait pas à ce que la petite invisible, qui ne disait jamais rien, demande de l'aide. Elle se mettait le doigt dans l'œil si elle pensait que j'allais fermer ma gueule et endurer ! Elle, ça me revient, c'était en classe de troisième.

Et cette C., durant un voyage scolaire aux volcans d'Auvergne, en a profité pour me piquer un pantalon en me certifiant que c'était le sien. Prends-moi pour une conne, toi aussi ! Un jour où j'avais mis ce pantalon, elle m'avait dit qu'elle le trouvait sympa, me demandant où je l'avais acheté. En revenant du séjour, je ne l'avais plus dans ma valise. Quelques jours après, j'ai vu mon pantalon sur son cul. Comment j'ai su que c'était le mien ? Je ne faisais pas d'ourlets, mais je retournais simplement le bas afin que ça ne passe pas sous les chaussures. Elle était plus grande que moi, j'ai donc vu tous les plis et les traces de l'ourlet. Elle pensait vraiment que j'allais la croire, quand elle me disait que ce n'était pas une voleuse ?! Là aussi, j'ai décidé d'aller me plaindre pour récupérer ce qui était à moi, je ne voulais pas me laisser faire. Je suis allée voir la CPE directement. Un jour, C. a appelé chez mes parents qui n'étaient pas au courant. Nos mères ont discuté, puis C. m'a parlé pour s'excuser. Le lendemain, ou quelques jours après, je ne sais plus trop, elle est venue me demander pardon en me tendant un paquet : un haut noir à pois blancs ainsi qu'un collier à grosses perles blanches. Voilà, ça, c'était fait ! Ma mère n'en revenait pas, je ne lui avais rien raconté et je me suis débrouillée seule. C'était en quatrième, je me souviens. Je pourrais vous donner noms et prénoms, mais je préfère me raviser.

À l'époque, j'avais une meilleure copine, vous savez, celle à qui vous vous confiez, celle qui vient dormir chez vous et inversement. J'ai décidé de couper les ponts à partir du moment où ma mère n'arrêtait pas de me comparer à elle : « Elle est mignonne, belle et gentille, je l'aime beaucoup cette petite ! » Quand j'allais chez elle, je sentais bien que ma famille et moi, nous étions au niveau social inférieur. C'était la famille parfaite. Ses parents me reprenaient lorsque mon langage ne leur convenait pas. Pourtant, j'étais toujours polie et gentille, sans vulgarité. Je n'allais pas m'excuser de ne pas avoir un langage soutenu, quand même ! Je parlais comme une enfant de mon âge. Bref, ça m'a soûlée, j'ai coupé les liens et je n'ai plus eu de meilleure copine.

Les années lycée, elles, ont été sympas. J'étais bien entourée de mes copains et de Marie. C'est nul, les filles. Les mecs, c'est plus réglo, c'est bien plus rigolo. Nous étions les deux filles du groupe, les bonnes copines. Une rencontre amoureuse a tout fait déraper. Le chagrin. Le zona. Le lumbago. Les cours loupés. Le corps mou-maniaco-dépressif (expression de la prof d'anglais). J'ai donc redoublé ma première Littéraire pour partir en première Sciences et Technologies de la Gestion (STG), car selon ma prof de Français également, je n'avais rien à faire dans ce cursus de Lettres. Tchao *La curée* de Zola ou *La Princesse de Clèves* !

Le lycée est divisé en quatre catégories : les scientifiques (les dieux), les économistes (les normaux), les littéraires (les perchés, les poètes et les drogués) et les STG (les cas sociaux, les branleurs, ceux que l'on met là, car ils ne rentrent dans aucune autre case). Vous me croirez ou non, mais il faut bosser dur. La compta est loin d'être simple et accessible à tous. J'ai obtenu mon bac STG « Comptabilité et finances des entreprises » de justesse, avec 10,5 de moyenne. Enfin, j'arrivais à quelque chose ! Je vous assure que ce n'est pas grâce à la compta, car les chiffres et moi, ça fait bien 36 000, si ce n'est plus. J'ai obtenu mon bac grâce au français, à la philo et aux langues (anglais et espagnol). Je me revois le jour des résultats, accompagnée de ma mère, devant le lycée St-Cricq de Pau. Les listes semblaient interminables. On cherchait, on lisait chaque ligne, et mon nom est apparu. J'avais mon bac, je n'en croyais pas mes yeux ! Ma mère a pleuré, sa fille avait enfin réussi un truc dans sa vie (après le brevet des collèges et le Bafa). J'ai pleuré aussi, j'étais soulagée. J'ai eu ce putain de bac de merde en 2011 ! Avoir le bac c'est cool, c'est bien, c'est un premier bagage, mais un bagage qui ne sert à rien !

J'ai passé ensuite un BTS. J'étais propulsée en ville, à Pau, alors que je sortais de ma campagne où j'avais l'habitude de m'habiller en jogging pour les cours. J'étais dans une classe d'une vingtaine de nanas citadines de 19 à 30 ans avec, au milieu, un pauvre type, disons... original. J'utilise ce mot pour exprimer tout ce qui n'est pas à mon goût, tout ce que je peux trouver moche sans oser le dire. « C'est original », ça passe mieux qu'un « c'est moche ». Un bébé, à la naissance, peut être original. Un bébé peut être moche, ça va, ne soyez pas choqués, finalement, vous le savez aussi.

Seule au fond de la classe, à la table où il y a le chauffage, accoudée contre la fenêtre, vous visualisez cette nana ? C'était moi. Surtout la première année, car la seconde, j'ai quand même eu la chance de me rapprocher de Marjorie qui m'a soutenue. Je ne parlais pas, je restais dans mon coin. Je me sentais tellement à part que je préférais rester discrète. Et de leur côté, elles me faisaient très bien sentir que j'étais différente. J'avais le droit à des petits mots remplis d'affection sur ma voiture « Ta voiture, elle est sale comme toi et en plus, tu pues. » et à des pénis dessinés. Je ne compte pas le nombre de fois où l'on me disait « Eh, tu ne vas pas avec ta classe ? », « T'es où, on ne te voit plus ? » En référence à ma petite taille, bien sûr. Pendant un exposé à faire devant toute la classe en groupe de trois, je suis devenue muette. Je les regardais, les yeux rivés sur moi, attendant que je parle. Aucun mot n'est sorti de ma bouche, les larmes sont montées, mon cœur s'est serré et je suis sortie de la classe. Je me suis effondrée. Chaque jour, j'avais la boule au ventre, des malaises et une envie de devenir invisible. Je les revois toutes, sac Longchamp, chaussures à talons, clope au bec et rouge à lèvres. Les filles de la ville contre la fille des champs. Mes parents ne comprenaient pas et se disaient que j'avais bien dû leur faire quelque chose, vu mon caractère bien trempé. Mais non. Pourquoi s'en prenaient-elles à moi comme ça ? Bien sûr, il y avait une ou deux exceptions avec qui j'arrivais à discuter normalement. Je voudrais tout oublier de cette période. Si c'était à refaire, je ne prendrais pas cette voie.

Le jour du BTS, mes parents nous ont accompagnés, Marjorie et moi. C'est là qu'ils ont compris. Le long du trajet, nous avions parlé de ces filles. Quand nous sommes arrivées, elles étaient toutes dans le hall et se sont dispersées. Je crois que c'est là que ma mère a vraiment compris. Marjorie lui avait bien certifié que je n'avais rien fait à ces personnes. Je voudrais oublier tout ça. Je voudrais oublier leurs visages et leurs voix. Ces personnes m'ont détruite, m'ont fait perdre toute confiance et toute estime de moi. À cause d'elles, je voulais disparaître. Rectification, j'aurais voulu ne jamais exister. Aujourd'hui, il y a beaucoup de tabous sur le harcèlement scolaire. On en parle un peu plus, car les jeunes choisissent d'en finir avec cette vie qui les fait tant souffrir. Ils finissent par se détester. Ils n'ont plus d'espoir.

J'ai aussi eu de bons moments, mais quand je repense au passé, je vois toute cette méchanceté, toute cette souffrance endurée. Pourquoi moi ? Comment peut-on prendre du plaisir à faire souffrir quelqu'un ? Aujourd'hui, je m'interroge sur le rôle des parents, qu'ils soient du côté de l'agresseur ou du côté de l'agressé. Comment je réagirais en tant que maman ? J'espère que je connaîtrai assez mon enfant pour voir ce qu'il se passe. J'espère que je serai en mesure de lui apprendre à se défendre et que je pourrai le protéger comme j'aurais aimé l'être, même à 20 ans.

J'ai obtenu mon BTS « Services et prestations du secteur sanitaire et social » avec 14,5 de moyenne, en 2013. Je clouais le bec à ces sorcières.

Quelques années plus tard...

2.

Novembre 2018

Je fais les cent pas en l'attendant. Lui, l'homme que j'aime. Il me transperce le cœur, le corps et l'âme. Trio gagnant. Je l'attends, plantée là au beau milieu de la pièce, un cadeau dans les mains. Le cœur serré, la gorge nouée et la boule au ventre. Quelle sera sa réaction lorsqu'il va comprendre ce qui l'attend, ce qui nous attend ? Ça y est, j'entends sa voiture. Il se gare. Il ferme la portière. La porte s'ouvre. Ne trouvant pas les mots, je lui montre le body en riant nerveusement. Il comprend. Il m'attire vers lui et me prend dans ses bras. Quel soulagement !

Il y a deux mois de cela, nous avons décidé de fonder notre propre famille. N'est-ce pas la plus belle et grande preuve d'amour que l'on puisse offrir à l'être aimé ? Depuis quelques jours, je ressens en moi quelque chose de différent qui se passe au fond de mes entrailles. Je vous passe les détails du retard de menstruations et des douleurs au niveau de mes citrons. Aujourd'hui, avec la prise de sang, j'ai donc la certitude qu'une petite chose a pris place en moi. Ce qu'il saura dans la soirée, c'est que j'ai eu les résultats de la prise de sang à 19 h. J'avais une heure pour réfléchir à l'annonce, pour acheter ce qu'il fallait et rentrer me préparer. Quand je pense qu'il faut une heure à certaines pour se préparer, je peux dire que j'ai été plutôt efficace. Action, réaction. J'y suis allée à l'aveugle, ou presque. Dans la vie de tous les jours, je sais en général ce que je veux ou pas. Quand il s'agit de cadeaux, j'ai instinctivement des idées. Bonnes ou mauvaises, ça, il faut le demander aux personnes concernées. Mon amoureux étant un fou de l'asphalte, j'avais déjà une petite idée de ce que je voulais. Motard aguerri sur la route, sur la terre, sur un circuit, dans les champs… Petit, il est monté sur une moto comme on rentre dans une ronde, comme on se met en rang pour danser « Tout l'monde s'éclate, à la queue-leu-leu », comme Obélix dans la marmite magique… et sa passion est née.

Mon idée était donc un body de Rossi, un petit body tout mignon et tout coloré. Alors oui, je vous l'accorde, ce n'est pas l'annonce des plus délirantes ni des plus romantiques. Romantique je n'aurais pas pu faire, mon mec ne l'est pas. Délirante, j'aurais pu, mais avec un peu plus de temps. Peu importe, je voulais ça comme ça, à ce moment-là. Vite, aller au magasin de moto, l'adrénaline en moi, l'impatience et le stress aussi. J'aime les odeurs de pneus et de tenues neuves qui s'échappent de cette boutique. Les formes et les couleurs aussi. J'associe les courses de motos sur route à un ballet de danse. Quand je regarde le MotoGP, je vois un véritable spectacle. J'avoue que c'est lui qui met la chaîne, ça ne vient pas de moi. Il annonce le programme du dimanche après-midi en mode télé, canapé-lit et plaid. Bon petit trio ici aussi. Je me suis surprise moi-même à apprécier ce spectacle. Les bruits d'accélération et de freinage composent la musique. Les lignes droites et les courbes assurent la danse. Il faut être agile et souple, délicat et fort. C'est poétique et enivrant. J'aime la danse, elle me manque tant. J'y repense un peu, souvent, et c'est là que je suis mélancolique. C'est avec lui que je voudrais danser. J'aime aussi la moto. Je l'aime lui et nos sorties qui me rendent nostalgique.

Je tiens le body de Rossi dans les mains : bleu, jaune fluo, noir. On ne sait pas si ce sera un garçon ou une fille, mais peu importe, je suis contre le rose pour les filles et le bleu pour les garçons, la dînette et le kit de ménage pour elles, les petites voitures et les jeux dans la boue pour eux. Je suis de la campagne, je jouais avec des vers de terre, des grillons et des lézards. Mes parents savaient où me trouver : derrière la maison, sur la butte de terre. Je trouve ça génial, ce phénomène de queue qui tombe et qui repousse. C'est son moyen de défense face à un prédateur : ce petit reptile se sectionne lui-même la queue plutôt que de perdre sa vie. Ce serait sympa de pouvoir se sectionner une partie de son propre corps lorsqu'elle a été touchée, atteinte par quelqu'un qui nous a salis. Et hop, cette partie repousserait, propre, neuve et belle.

Pour annoncer la nouvelle, je me suis apprêtée comme j'ai pu. Robe noire aux manches trois-quarts, collants opaques noirs et bottines noires compensées (il les aime celles-là). Peu importe notre physique, le noir arrange toujours. Le maquillage, la coiffure, on en reparlera... C'est à son tour de se préparer, on décide d'aller se faire un petit plaisir dans un restaurant chinois où il y a un buffet à volonté. Ce restaurant, on nous l'avait recommandé. Mais pourquoi on a décidé d'écouter les recommandations des autres ? On ne fait jamais ça, on va toujours dans ceux que l'on connaît. Et cette fois-ci, on aurait clairement mieux fait. Nous ne devons pas avoir la même notion de la bonne cuisine. La prochaine fois, nous nous fierons à nos propres goûts. Évidemment, par respect, je ne donnerai pas le nom de ce lieu. Comment peut-il être encore ouvert ? Nous ne sommes pourtant pas compliqués. Nous n'avons pas des goûts de luxe, nous aimons seulement la bonne cuisine. Le plus gourmand de nous ? Moi. Je suis un ventre sur pattes. Comme je dis souvent, « Le gras, c'est la vie. » Ça fait sourire. J'aime tellement partager du bon temps autour d'une table bien remplie : du sucré, du salé, une bonne bouteille ou même plusieurs. C'est convivial, chaleureux et c'est tellement bon d'être avec de bons mangeurs qui apprécient ce que tu as préparé pour eux ! Nous nous sommes plutôt bien trouvés. Nous aimons manger, j'aime bien cuisiner, lui, un peu moins. Il est du genre champ de bataille. Fumée et odeurs dans toute la maison. J'aime le voir se démener pour nous préparer un plat, même si parfois, il le rate. D'abord, je ris du spectacle et, ensuite, je l'engueule d'en mettre partout, du sol au plafond, en passant par le mur. Ce que j'aime le moins, c'est que c'est moi qui dois passer derrière lui pour tout remettre d'équerre. Au final, nous nous complétons bien. Nous formons une équipe et nous mettons chacun du nôtre dans la tâche à réaliser.

D'ailleurs, en parlant de restaurant, il faut que je vous raconte ! Ça reste un souvenir que l'on ne se garde pas de raconter dès que l'occasion se présente. Rencard numéro deux : notre tout premier restaurant. À savoir que notre premier rencard (où Monsieur a pris soin de me faire poireauter en étant en retard) a eu lieu à Hossegor, au magasin d'équipement de moto *Bud Racing*. Plutôt atypique comme premier rendez-vous en tête-à-tête, non ? Atypique, mais sympathique.

Il a donc décidé de m'emmener dans un restaurant que l'on aime tous les deux. Au moment de payer la note, Monsieur a décidé de s'éclipser aux toilettes… En écrivant ces lignes, ça me fait sourire encore. « Du coup, je fais quoi ? » Je crois que j'ai pensé tout haut, ce soir-là… Rappelez-vous, il n'est pas romantique. Le romantisme, est-ce offrir le restaurant, le tout premier restaurant ? Je ne suis pas vénale, je décide de ne pas l'attendre et de régler la note. Ça me fait plaisir, j'ai passé une bonne soirée. Pourquoi c'est à l'homme de régler ? Pourquoi payer chacun sa part ? Ce n'est que partie remise si nous décidons d'aller au restaurant une prochaine fois, on pourra faire chacun notre tour. Mais ce soir-là, son échappatoire était-elle intentionnelle ? Je ne le saurai jamais… Aujourd'hui, 5 ans, 3 mois et 14 jours après, nous en rions toujours.

3.

Nous

L'histoire de ma vie, c'est de me poser trente-six mille questions sur tout et n'importe quoi. Sur des choses anodines comme sur des choses qui m'imprègnent le cœur. Pourquoi ? Comment ? Où ? Quand ? Pour quoi ? Pour qui ? Et si… ? Mais on le sait bien, avec des si, on pourrait refaire le monde. Quelles difficultés allons-nous rencontrer ? Tiendrons-nous le coup ? Suis-je en droit de me poser ces questions alors que nous n'en sommes pas encore là ? Pense-t-il à tout ça, lui ? Voit-il si loin ? Je ne crois pas.

Parents, futurs parents, vous avez les mêmes interrogations ? C'est un premier pas pour savoir si, concernant la parentalité, le couple est sur la même longueur d'onde. Ou pas. Si nos points de vue, nos projets et notre vision sont à l'opposé concernant notre bébé, les étapes de sa vie et son éducation. On le sait bien que les hommes viennent de Mars et les femmes de Vénus. Rien n'est anticipé, pensé et organisé de la même façon. Pourtant, mon amoureux et moi, on se complète parfaitement dans notre complémentarité. C'est peut-être aussi ce qui fait que nous sommes nous en tant que couple, en tant que duo d'amoureux. Ces disparités font aussi mûrir et grandir notre amour. Elles nous rassemblent. Soit on est de la team « les opposés s'attirent », soit de la team « qui se ressemble s'assemble ». Nous avons des points communs, mais je dirais que nous sommes des opposés qui s'attirent.

Il est grand et mince, je suis petite et j'ai, disons, de la surface à caresser. Il est brun et mat (noir quand il prend le soleil), je suis blonde et blanche (vanille-fraise lorsque je m'expose). Il a été viré du collège, sans brevet en poche. Il n'aimait pas l'école, j'étais bonne élève, scolaire et studieuse jusqu'au lycée. J'aime les mots. Je me permets d'emprunter les mots de Marion Du B', mon auteure coup de cœur depuis le 12 décembre 2014, que j'ai rencontrée en séance de dédicaces à *Cultura* dans le Quartier Libre Lescar. Elle m'a fait passer du rire aux larmes dans ses chefs-d'œuvre : « J'ai oublié le plaisir qu'on peut prendre à lire un livre. Se faire transporter dans une histoire qui, n'étant pourtant pas la nôtre, le devient, petit à petit, au fil des pages. […] Les livres sont, pour moi, un moyen très efficace pour m'évader et vivre des aventures parfois incroyables, parfois tragiques. » Dans tous ses livres, ses mots sont tellement vrais, tout simplement. Lui, il aime les mots, à partir du moment où ils se trouvent dans une annonce sur *Leboncoin* pour tout engin à moteur, sur route et sur eau. Il est téméraire, je suis prudente. Il est retardataire, je suis ponctuelle. Il est désorganisé, je suis plutôt du genre à anticiper pour ne manquer de rien. Il va prévoir de faire ça là et tout de suite. Je vais donc tout lui préparer, car autrement, il se retrouverait sans ce qui lui faut. Il est terre et eau, je suis terre et air. Et grâce à lui, j'ai appris à devenir eau aussi. Il aime les musiques de « voyous » comme je les appelle, vulgaires au possible, qui passent sur Skyrock. J'adore les chansons des années 1980 à celles d'aujourd'hui, sur lesquelles je peux chanter à tue-tête en écoutant RTL2 et RFM. Il est très copains, je suis très solitaire. Et j'en passe… Qu'est-ce que je l'aime, ce con !

Je revois son visage lorsque je lui ai offert, pour son anniversaire, une journée pêche aux thons en pleine mer et l'enveloppe pour passer le permis bateau. Deux de ses rêves d'enfant. Il était tellement ému que je l'ai été à mon tour de le voir réagir ainsi. Lui qui a le sang chaud andalou, le voir les yeux larmoyants de joie à la vue de ses cadeaux, sans dire un mot, m'a bouleversée. On aurait dit un petit garçon à Noël. Je l'aime encore plus quand je le vois sensible et vulnérable comme ça. J'ai tapé dans le mille et ça me conforte, parce que ça me prouve que je le connais vraiment. Si seulement je pouvais tout lui offrir comme ça, je n'en serais que plus heureuse. L'amour, ça ne s'achète pas, mais l'amour n'a pas de prix pour réaliser les rêves de celui que tu aimes de tout ton cœur. Il est celui pour qui je suis hystérique, possédée, en transe. Celui pour qui je ne réponds plus de moi. Celui dont les yeux m'intimident, celui dont le moindre effleurement me fait frissonner, celui dont le rire me fait chavirer…

4.

Premières interrogations

Lorsque l'on apprend que l'on va avoir un bébé, on se fait tout un idéal sur les parents que nous serons et sur l'enfant que l'on aura. La théorie, c'est bien. La pratique, c'est mieux. On a tous autour de nous une personne sans enfant qui va nous conseiller sur la manière d'endormir le bébé, par exemple. Cherchez bien, quelqu'un de votre entourage doit être comme ça.

Nous décidons de ne pas parler de ma grossesse autour de nous, jusqu'aux trois mois. Ah, les fameux trois mois ! Légende ou pas ? En trois mois comme en une heure, il peut s'en passer des choses, mais nous choisissons d'attendre, d'un commun accord. Le lendemain et les jours qui ont suivi, nous nous sommes demandé : « Est-ce que tu préfères avoir un garçon ou une fille ? », « Comment on va l'appeler ? », « T'es pour la sucette, toi ? », « S'il y a quelque chose durant la grossesse, on fait quoi ? »

Difficile peut-être à aborder pour certains, mais pour nous, c'était une évidence : si quelque chose est décelé lors de la grossesse, on interrompt cette dernière. Instinctivement, tous les deux, nous nous le sommes dit en même temps comme si nous étions connectés. Télépathie, quand tu nous tiens…

Le sexe, peu importe, tant que bébé est en bonne santé, mais le prénom, c'est une autre histoire. Nous ne voulons pas d'un prénom basique trop commun ni d'un prénom inventé qui fera souffrir notre petit bout, car, qu'on se le dise, les enfants entre eux peuvent être méchants. J'ai travaillé cinq ans avec des enfants et il y a des prénoms qui reviennent souvent et… comment dire… je ne veux pas d'un prénom qui va me rappeler ces petits diablotins dont j'ai pu m'occuper. « Non, mais c'est le prénom qui veut ça, en fait ! » Par respect et aussi pour laisser aller votre imagination, je ne vous donnerai pas la liste de ceux auxquels je pense.

# 5.

Contraintes et sacrifices

Être enceinte à Noël, sans le dire à personne, est un véritable supplice. Ne sachant pas encore si je suis immunisée contre la toxoplasmose, je ne peux pas me permettre de prendre un quelconque risque. Encore ça, ce n'est qu'un détail, mais pour ce qui est de trinquer ?! On en parle de devoir faire abstinence de la moindre goutte d'alcool ? Le moindre raisin pressé nous passe sous le nez, c'est pourtant un si délicieux fruit, qu'il soit rouge, rosé ou blanc, mon péché gourmand ! Et le foie gras maison, je dois me passer de tout ça... Ô mon enfant, je te ferai savoir ce que tu m'as fait traverser là ! Une réelle épreuve du combattant pour moi, l'amoureuse de la bouffe et du bon vin. Ce sont bien les seuls arguments valables qui me font apprécier cette période de fêtes de fin d'année. Tout se joue au mental, donc. Et le pire du pire, c'est quand ta famille connaît tes goûts culinaires par cœur et qu'ils ne comprennent pas ton excuse d'avoir été malade toute la nuit. Excuse non valable, car je n'ai pas du tout été malade, comme certaines femmes enceintes lors de leur premier trimestre.

6.

Nostalgie

Est-ce vrai qu'il y a une naissance après la mort ou est-ce une légende ? Je n'ai pas peur de ça. Rectification, je n'ai pas peur de ma mort. Je ne crains pas le jour où elle viendra me dire « Salut toi, allez viens, je t'emmène ! ». Je l'ai imaginée, je l'ai rêvée plus d'une fois. Je suis prête pour la mienne, mais j'ai peur de celle des autres, de ceux qui m'entourent, de ceux que j'aime. Je leur en veux tellement de m'abandonner, de nous abandonner. J'ai peur de ce vide et de cette absence qu'ils laissent derrière eux.

Le deuil c'est quoi ? C'est un sentiment et une réaction de tristesse que l'on éprouve à la suite de la mort de quelqu'un. Il est souvent associé à de la souffrance, mais est aussi considéré comme un processus nécessaire de délivrance. Elisabeth Kübler-Ross, psychiatre suisse, a théorisé les cinq phases du deuil : le déni, la colère, la négociation, la dépression et enfin, l'acceptation. Je sais que je n'ai pas encore accepté et que je suis en colère. Mais où en suis-je exactement ? Je rêve de vous revoir, une dernière fois. Pas pour vous dire des mots que je n'ai pas su vous dire simplement, car j'en serais incapable, mais juste vous revoir, profiter de cet instant, une dernière fois. Je ne compte plus le nombre de rêves où vous apparaissez dans mes nuits. Tous autant que vous êtes. C'est par période. C'est intense. Et puis d'un coup, plus rien. Vous venez et vous repartez.

Les années ont passé et les gens de la famille partaient. J'en ai quelques souvenirs, sauf de la grande sœur de ma maman, partie lorsque j'étais bébé. Il y a seulement des photos. C'est bien, mais ce n'est pas assez.

J'ai côtoyé la mort assez jeune, lorsque mon grand-père paternel est parti. En CM1, on a quoi, 9 ans ? Je me revois encore me lever du fauteuil du salon pour me préparer avant d'aller à l'école. Un vendredi, me semble-t-il. Et là, ma maman me l'a dit. J'ai pleuré. À bientôt 29 ans, j'avoue ne pas savoir de quoi il est décédé. Je n'ai jamais osé poser la question qui me pèse et j'aimerais enfin connaître la réponse. Il me reste en souvenir de ce papi, son béret sur la tête, ses sourcils épais, son cure-dent au bec et son ventre bedonnant.

Adolescente, deux copains ont décidé d'aller rejoindre les étoiles. Il faut avoir du courage pour en arriver là. Respect. Je ne vous oublie pas...

Mamie, maman de maman, tu es partie rejoindre les étoiles quelques jours avant Noël 2016. Je n'ai même pas eu le temps de te dire au revoir. Que dis-je ! Je n'en ai pas eu les couilles. En quatre jours top chrono, tu n'étais plus là. Rien de tout cela n'était prévu. Nouvelle foudroyante. Je m'en veux tellement de ne pas être venue te voir dans cette chambre d'hôpital. Je ne pensais pas te dire adieu, pas là, pas maintenant, pas déjà... à quelques jours de Noël, cette fête où la famille se réunit. Nous étions chien et chat, c'était la guerre constante, mais c'était notre relation à nous. Si nous ne commencions pas de bataille dès que l'on se voyait, alors c'est que l'une de nous n'allait pas bien. C'était signe de bonne humeur et de bonne santé ! Le jour de ton départ, j'étais moi-même à l'hôpital, aux urgences, car j'avais fait un malaise, comme j'en fais depuis mes dix ans. Des périodes calmes, d'autres un peu moins, selon le moral. Mamie, me vois-tu de là-haut ? Es-tu fière de moi ? Tu sais, à ce jour, je travaille à l'hôpital et je suis devenue maman. Toi qui me faisais tant râler, car je ne voulais pas entendre parler de la maternité. Pourtant, aujourd'hui, j'aimerais tellement que tu connaisses ton arrière-petit-enfant…

Papi, papa de maman, tu es parti en mars 2019 sans savoir que j'allais être maman. Pourquoi ? C'est une longue histoire et je ne suis pas prête à écrire sur la personne qui t'a tué. Je dirai juste une chose : cette personne, je l'ai cherchée, un samedi matin. J'ai pris ma voiture, je savais approximativement dans quelle rue elle habitait. J'y suis allée. J'ai sonné à toutes les maisons, restées parfois sans réponse. Je ne l'ai pas trouvée, du moins, elle ne m'a pas ouvert. Je ne sais pas ce que j'aurais fait, mais je l'aurais fait. Je l'aurais sûrement mise plus bas que terre, je lui aurais craché à la gueule aussi. Aujourd'hui encore, lorsque je passe devant une de ces maisons, je me dis qu'elle va sortir et finir sous mes roues. C'est horrible d'imaginer ça, mais elle t'a tué et elle a détruit ma famille, du moins, ce qu'il en restait. J'espère qu'elle va crever la gueule ouverte, que le karma fera son travail. Tout est parti en fumée. Cette femme avait cette réputation dans la plaine de Nay, une croqueuse d'hommes. Les manipuler et les dilapider, voilà sa spécialité. Tout le monde le savait et voyait ce qui se passait, sauf toi papy, la sœur et le frère de maman. Celle-ci vous avait pourtant prévenus. Mes parents ont reçu plusieurs appels des anciens du village qui leur disaient « Et Jacques… ». Un samedi matin, maman a appelé mon amoureux pour le lui annoncer. Je n'entendais pas, mais j'ai compris à son regard. Dans ses yeux, j'ai vu la mort. C'était fini. Je me souviens, nous revenions de notre premier road trip en camping-car. Nous avions fait toute la côte espagnole au-dessus de Barcelone jusqu'à Andorre. Nous nous sommes arrêtés dans un petit village béarnais, à Rébénacq, pour retrouver les copains et faire une soirée autour d'un barbecue. Pour quelle occasion déjà ? Une course de vélo ou de moto, je ne sais plus trop. J'ai passé la soirée comme ça, à m'enivrer pour oublier le chagrin de cette nouvelle perte. Je suis venue te voir dans cette chambre mortuaire, avec mon bidon qui s'affirmait depuis quelques mois. Je ne t'ai pas reconnu, ce n'était pas toi. Ça m'a fait penser à Mamie que j'ai vue ici pour la dernière fois, trois ans plus tôt. Et comme pour elle, j'ai quitté cette pièce. Je me revois fermer la porte, poser ma main dessus et baisser la tête en fermant les yeux. Dernière respiration. Adieu.

Tonton est parti en juillet 2019. Je m'en souviens aussi comme si c'était hier. Mon mec et moi étions chez mes parents qui gardaient ma nièce. Samedi matin, pas plus de 10 h. On jouait, on papotait. Papa était à la cave. On a sonné à la porte et j'ai entendu cette voix d'homme annoncer à ma mère que tonton était dans sa voiture, sur le parking du café du village d'à côté. Les pompiers ont été appelés. Maman, paniquée, est allée chercher papa pour qu'il y aille et a demandé à mon amoureux de l'accompagner. Je le connais, il n'a pas osé dire non. En soutien à papa, au cas où… Son regard me disait qu'il n'avait pas envie de voir ça. Ma mère s'est affolée en courant dans tous les sens, disant qu'elle devait appeler tout le monde et surtout mon cousin, le fils de tonton, qui habitait à Nouméa, de l'autre côté de la planète. J'ai dû garder mon sang-froid, pour mon bébé, pour ma mère et pour ma nièce qui n'avait pas encore trois ans. Je n'ai pas eu le droit de craquer. « Maman, calme-toi, je m'occupe d'elle, va téléphoner. » À deux mois d'accoucher, je n'ai pas réussi à passer la porte de cette chambre mortuaire du

Centre Hospitalier de Pau. J'ai voulu, je pense, préserver mon bébé encore un peu. Mais aujourd'hui, je regrette. J'aurais dû être plus courageuse, je le suis plus que ça, d'habitude. Au pire, j'aurais accouché et j'aurais été sur place ! Ce n'est pas comme si je n'avais jamais vu de morts, ces défunts allongés, soigneusement préparés, presque paisibles.

Quand on perd quelqu'un que l'on aime, comment trouver la lumière, la force de continuer ? La réponse n'est jamais simple. Quand une vie se termine, ça change notre façon de voir les choses. On prend conscience qu'il faut continuer à avancer. Retrouver une vie normale en espérant laisser le passé là où il est. J'aimerais vous y laisser, dans le passé, mais je n'y arrive pas. Parfois, je repense à vous et la douleur revient. Je dois effacer ces images, ces pensées pour que les larmes ne coulent pas. Je ne parle pas de vous. À personne. Ça fait trop mal. Les gens ne comprendraient pas. Dès que j'ai un petit moment, je regarde vos dossiers quand je vais travailler à l'hôpital. Vous me hantez. J'ai comme l'impression d'avoir besoin de cette douleur. Nom. Prénom. Date de naissance. Patient décédé. Et le reste… à l'intérieur de vos dossiers…

7.

Tabous de grossesse

Mon petit être grandit et se forme en moi. Je le sens, je le ressens de l'intérieur et bien sûr, je le vois, physiquement. Ressent-il tout ce que je ressens ? A-t-il été protégé de toute cette souffrance, de tous ces adieux, ou a-t-il été touché, lui aussi, par tout ça ? Vais-je aimer mon bébé comme une maman aime son enfant ? Petite déjà, je disais que je ne voulais pas être maman. J'avais la phobie des corps déformés. Dès que je voyais une femme enceinte en maillot de bain, j'étais prise de vertiges, je devais m'asseoir afin de ne pas me retrouver étendue sur le sol. Il m'était insupportable de voir ce corps. Je ne comprenais pas ce souhait de vouloir porter un enfant, de vouloir se déformer, de vouloir devenir maman. C'est dur en tant que jeune femme d'être jugée. On se retrouve fichée, différente des autres et de leur instinct maternel. Ça donne des complexes, mais qu'est-ce qui ne va pas chez moi ?

Je peux comprendre les femmes qui ne souhaitent pas avoir d'enfant. Elles n'ont tout simplement pas besoin de plus pour être heureuse. Elles ne ressentent pas de manque à ce niveau-là, elles n'ont pas envie qu'un petit être vienne bouleverser leur vie. Malheureusement, la société d'aujourd'hui pointe du doigt ces femmes. Oui, aujourd'hui, la femme doit enfanter. C'est là son premier rôle, pour notre société. Cela me dépasse complètement. Elle est d'abord femme avant d'être poule pondeuse. Lorsque tu as un enfant, on vient t'embêter pour le second et lorsque tu en as deux, à quand le troisième ? Stop ! Laissez donc notre utérus tranquille ! Les mentalités doivent changer, il y a un long chemin à faire…

Nous n'avons pas toutes la fibre maternelle ni ce désir d'enfanter. Ce n'est pas instinctif. La maternité, ça s'apprend. J'ai appris à vouloir un enfant avec cet homme que j'aime tant, à aimer être enceinte et à aimer mon enfant. Contrairement à mon amoureux qui a toujours voulu un enfant. Lui est paternel dans l'âme et moi, je dois apprendre à devenir maternelle. Il a toujours voulu être papa, mais il ne s'est jamais rendu compte que j'étais enceinte. À aucun moment, il n'a réalisé que je portais un petit être en moi. Il n'a jamais pris conscience que je devais me ménager et faire attention. C'est une période durant laquelle j'aurais aimé être chouchoutée davantage, je l'avoue. Quand on est enceinte, on est frustrée. Je n'ai pas pu faire certaines activités avec mon amoureux et les copains, comme la descente du Gave sur une bouée, le laser kart et tant d'autres. Je me suis sentie seule. La grossesse n'est pas une maladie, mais elle nécessite des consultations, des examens, encore et encore durant neuf mois. On ne peut pas faire ceci ou cela. Tous nos organes bougent et notre corps change. Nous ne pouvons pas avoir une nuit entière de sommeil, car notre vessie nous rappelle à l'ordre toutes les heures. Il ne faut pas être stressée. Il faut être forte, prendre soin de son bébé et de son amoureux, mais qui prend soin de nous ? Rouler sur les dos-d'âne à fond et les chemins de bois en Kangoo, ça il savait faire ! Même si je disais « Doucement, le dos-d'âne suivant ! », il me répondait « Ah ouais, mais j'oublie ! ». Aujourd'hui, on en rigole ensemble.

8.

Le jour J

Si pas de signe de travail, la sage-femme nous avait conseillé de prendre rendez-vous à la date du terme. Chose faite. Rendez-vous prévu à la maternité du Centre Hospitalier de Pau le 28 août 2019 à 9 h.

Il est 4 h du matin dans la nuit du 27 au 28. Qu'est-ce que c'est que ça ? On dirait une douleur de règles multipliée par dix mille. Forte, mais furtive. Je me rendors. Douleurs à 7 h. Je me lève et je vais prendre ma douche pour me préparer à aller au rendez-vous. Douleurs à 8 h en montant dans la voiture.

— Prends la valise, il y a quelque chose qui se passe en moi et c'est normalement prévu pour aujourd'hui.

— Mais non, ne t'inquiète pas, on va devoir revenir !

Douleurs à 8 h 15. 8 h 30. 8 h 45. 9 h, heure du rendez-vous.

— Eh bien, vous êtes à 3, vous commencez le travail, on vous garde ! Vous souhaitez prendre un bain avant d'aller dans la salle d'accouchement ?
Je le regarde, il me regarde. Bref, on se regarde.

— Mec, tu peux repartir chercher la valise tout de suite et avise-toi d'être revenu à temps, autrement, je vais t'en vouloir pour le reste de notre vie !

Voilà la pression pour mon amoureux. Il avait plutôt intérêt à être là à temps ! Il n'avait qu'à m'écouter, mais comme tout le monde le sait, nous, les femmes, ne disons que des conneries et nos mecs ne nous écoutent jamais… Je décide d'aller mettre mon gros popotin dans ce bain en l'attendant. Une immense baignoire ovale avec sièges intégrés, je me croyais presque au spa ! Je vous passe les détails de la douleur qui s'intensifiait et qui se rapprochait. Je voyais les minutes passer. J'essayais de nombreuses positions pour tenter de la dissimuler. Je ne voulais pas de la péridurale avant qu'il ne soit là. Je suis une guerrière, je ne suis pas douillette. Je patiente. 11h45, le voilà enfin. Direction la salle d'accouchement avec la GoPro qu'il avait emmenée pour filmer un max de trucs.

Oui, mais en fait non. On va se limiter quand même, hein ! C'était sans compter l'appel en visio à ses potes qui m'ont donc vue, vêtue de cette magnifique blouse bleue et blanche, lors de mes contractions. Qu'est-ce que l'on se marre ! Quand on y repense, effectivement on se marre. Qui fait ça, mais qui, à part nous ? Que je l'aime, n'empêche !

13 h. Ma résistance a ses limites, je demande la péridurale. Je suis à 7. Je n'ai pas peur des aiguilles. Apparemment, ça ne devrait pas tarder à faire effet. Mais pourquoi j'ai toujours mal une heure après et de plus en plus ?! Le temps passe. Jean qui rit, Jean qui pleure est dans la place. J'encaisse jusqu'au moment où mon amoureux va demander à ce que quelqu'un vienne, car là, rien ne va plus. Il est 16 h. Effectivement, le cathéter avait décidé de se barrer. J'avais beau appuyer sur le bouton pour avoir le produit magique, celui-ci ne risquait pas de fonctionner. Il faut me faire une seconde péridurale. Je suis à 8. La péridurale fait son effet juste à temps.

— Je me suis toujours demandé si un accouchement se passait dans la vie comme il se passe dans les films : insulter son mec de tous les noms possibles, lui broyer la main pour qu'il comprenne la souffrance que l'on endure ou encore lui dire que tout ça, c'est de sa faute ! Non, il n'en est rien. Du moins pour moi. Je ne l'ai pas insulté et je ne lui ai pas broyé la main. Sa présence me suffisait. Il était là, c'était ça le plus important. J'ai une bonne résistance à la douleur, j'ai réussi à gérer. J'ai le souvenir de m'être enfermée dans un silence profond et dans une respiration concentrée.

28 août 2019. 17 h 34. Tu es là. Je n'ai pas le temps de réaliser qu'ils te prennent en urgence pour t'aider à respirer. Ton père a suivi pour qu'il puisse faire ce peau à peau si magique, d'après ce que l'on en dit. 3 h après, on est monté dans la chambre. Ça y est, nous sommes trois, mais pourtant, tu étais dans mon ventre il y a à peine quelques instants. Comment une si petite chose a-t-elle pu grandir en moi, se former, respirer, se nourrir ? Le corps de la femme est quand même extraordinaire pour ça. Je te regarde et je me demande si je t'aime. J'ai envie de pleurer. De joie ou de doutes, je ne sais même pas. Ai-je le droit de me demander si j'aime mon enfant ?

Signe astrologique : Vierge. « Le bébé vierge est un bébé calme et sage. Il observe tout ce qui l'entoure. Très curieux de nature, il enregistre tous les moments de sa journée, sait à quelle heure il prend le biberon et son bain et il connaît l'heure du coucher. Un bébé très concentré qui aime que tout soit organisé. » Au fil des mois, je me rends compte que c'est tout à fait notre bébé. Vierge, comme maman et papi maternel. Eh bien, ça promet ! Je suis ravie, mon amoureux un peu moins. Une lignée de vierges ! Il faut le dire, nous cultivons un bon héritage familial niveau caractère, je jubile d'avance ! Mais j'ai intérêt à vite me calmer, car lorsque je vais devoir me heurter à une mini version de moi-même, je risque de moins rigoler. J'ai ce que l'on appelle « un caractère de merde ». Têtue et rancunière, je vis les choses à 300 %. Je peux passer du rire aux larmes en une fraction de seconde. J'ai aussi quelques qualités, attendez, je cherche…

Nous n'étions pas arrêtés sur un prénom. Quelques vagues idées et des réflexions des proches concernant nos choix, nous avions donc décidé de ne plus en parler jusqu'à la naissance. Pourquoi les gens s'autorisent-ils à dénigrer ouvertement les prénoms qu'aiment les futurs parents ? Si t'as un prénom de merde, on le garde pour nous, on ne te le dit pas et on reste respectueux. Je lui avais dit de choisir le jour J entre les deux prénoms que nous avions sélectionnés. Il a choisi Emy.

Pour la sucette, nous n'étions pas vraiment pour, mais nous avons dû en fabriquer une grâce à la tétine rafistolée d'un biberon afin que notre bébé n'avale pas d'air. Le besoin de succion aura eu gain de cause. Nous étions réticents, de peur que « bébé-nous » ne quitte pas cette sucette, sussu, tutu, je ne sais pas comment vous appelez ce petit objet que bébé mâchouille. Comment ça va se passer lorsque bébé devra s'en séparer ? La méthode de la donner au père noël, on la connaît, mais est-elle efficace ? Nous pourrions en parler aussi de ça, le père noël… Je suis plutôt du genre « mince, la sucette est partie pour de longues vacances au camping et elle veut y rester, c'est dommage ! », même si au fond ce n'est pas plus glorieux que le bonhomme rouge et blanc. Notre bébé a donc finalement la sucette pour ses nuits (nuits qu'elle a faites au bout de trois semaines et ça, faut l'avouer, c'est le panard), ses siestes (matin et après-midi) et lorsqu'elle est malade et qu'elle a besoin de réconfort. Quand nous allons quelque part, nous avons toujours doudou et sucette dans le sac, mais si elle ne ressent pas le besoin de les avoir, alors ils y restent.

9.

Vérité poignante

L'accouchement n'est pas le plus beau jour de ma vie et ne le sera jamais. Et si on se parlait pour de vrai ? Soyons honnêtes deux minutes, s'il vous plaît : l'accouchement est une scène de crime malgré le fait que nous donnions la vie. Plutôt paradoxal, non ? Sang, tripes et boyaux. Des instruments. Des matières suspectes. Beurk ! Qui peut donc trouver ça beau ?

Avant, pendant et après la grossesse, il y a beaucoup de chamboulements physiques et psychologiques. Vouloir un bébé, porter un être en soi, voir son corps se modifier au fil de ces neuf mois... J'ai aimé être enceinte, porter mon bébé et le sentir en moi. Je n'ai pas été malade, ma poitrine était à son apogée et mes ongles et mes cheveux étaient superbes. J'étais une baleine en déplacement, bien dans ses pompes. Dix jours avant le terme, je faisais du Jet-Ski avec mon amoureux sur le lac où nous avions l'habitude d'aller.

Le jour J, ma descente aux enfers a commencé et le cauchemar aussi. Cet après, je ne le souhaite à personne. Il y a un certain tabou autour du post-partum. On ne m'a jamais parlé de cet après qui fait si mal, physiquement et psychologiquement. À toi, future mère, personne ne te prépare vraiment aux modifications de ton corps pour accueillir la vie et tu n'es pas non plus préparée à ne plus avoir ton bébé en toi. D'un coup, tu te sens différente et tu l'es. Comment ton corps est-il devenu un étranger ? Ton ventre est lâche, on dirait un vieux ballon de baudruche dégonflé, tout flétri. Tes seins sont affaissés et douloureux. Adieu les belles pêches rebondies ! Les cheveux demandent à être lavés et les poches sont bien présentes sous les yeux. Même un maquillage n'y changerait rien, encore faut-il trouver le temps de le faire… Tes hanches sont bien plus larges qu'avant, la taille 34 est derrière toi, le p'tit cul de 12 ans aussi. Mais qui est donc cette femme qui te regarde dans le miroir ? Qui est cette étrangère, au regard vide, qui te dévisage parce que tu la dégoûtes ? Mais non, son regard n'est pas vide, il est rempli de larmes à cause de cette douleur lancinante qui la traverse de la tête aux pieds. Cette femme a mal à cause de ce reflet dans le miroir. C'est le sien, mais c'est tellement dur de l'accepter. Elle voudrait casser ce miroir en mille morceaux. Elle déteste ce qu'elle voit. Elle est en colère contre elle, contre le fait d'avoir donné la vie, contre son bébé qui l'a déformée. Mais son bébé, elle l'aime. Elle a sacrifié son corps et son esprit pour lui. Elle a fait grandir la vie, l'a mis au monde et continue à le soutenir. Elle ne devrait pas avoir honte. A-t-on le droit de ressentir une telle douleur et une telle colère ? Est-on une mauvaise maman quand on éprouve de tels sentiments ? C'est déstabilisant. Elle culpabilise, évidemment. Elle s'en veut. Pourquoi tous ces chamboulements ? La haine de ce corps. Elle se débecte. Et même encore aujourd'hui, presque deux ans après… Elle voudrait crier. Courir sur la plage et aller étouffer son cri dans le corps des vagues. Elle voudrait s'oublier. Elle s'en veut d'être une maman et de ressentir cela. Elle s'en veut d'être SA maman, car elle ne mérite pas ça. Elle voudrait retrouver le corps de ses 25 ans. Comment son amoureux, le père de son enfant, pourrait-il l'aimer après ça et, pire, comment pourrait-il avoir envie d'elle ? Elle qui n'est plus la même, qui n'est plus fraîche, tout simplement…

Personne ne m'a parlé du premier pipi, de la première douche ni de ce nouveau corps. Personne ne m'a parlé de quoi que ce soit en rapport avec cet après ! Pleurer en urinant. Pleurer sous la douche. Pleurer à l'idée de se regarder dans un miroir. Tu te tais et tu encaisses comme tu peux. Tu te dis que les gens ne comprendraient pas. Ils ne peuvent pas comprendre, ils ne sont pas en toi, ils ne sont pas dans ta tête, ils sont loin de savoir ce que tu ressens. Ils ne voient que ce petit être qui vient de naître. Sans parler des visites qui se succèdent à la maternité. S'il vous plaît, ne vous ruez pas dans la chambre. Attendez. Respectez ce bouleversement. Patientez que la maman donne son feu vert. Laissez-lui le temps dont elle a besoin pour accepter ce tournant. Je me souviens de ce défilé des proches. J'avais si mal. Les yeux constamment pleins de larmes. Je n'avais pas envie que l'on me découvre comme ça. Effectivement, on ne me voyait pas, on ne voyait que notre bébé. S'il vous plaît, demandez l'autorisation à la maman avant de lui prendre son enfant pour le mettre dans vos bras.

Ne pensez pas qu'à ce mini humain, pensez aussi à elle, c'est tout aussi important. Et au papa aussi évidemment, mais moins quand même, car c'est la maman qui a fait le plus gros du travail. Ne voyez pas là un élan d'égoïsme, c'est un appel à l'aide, un appel au secours.

10.

Remise en question

Le congé maternité n'a pas été de tout repos. Ce n'est pas des vacances, loin de là. Je respecte tant ces mères qui aiment rester à la maison avec leurs enfants. Excusez-moi l'expression, mais faire bobonne à longueur de journée, ça n'a pas été pour moi. Combien de fois ai-je craqué ? Je n'étais pas prête à ça, j'aspire à autre chose que ça. Cette période se résume à la perte de mon estime de moi et à la douleur physique et psychologique. J'ai perdu toute dignité, tout amour propre, même s'il n'était guère bien grand à la base. Pourtant, je regardais notre fille et je savais que je l'aimais, peu à peu, jour après jour et, de plus en plus. Elle est mon sang et ma chair. Nous l'avons créée et je l'ai portée en moi durant neuf mois.

Ce n'est pas rien, quand même !

Suis-je une bonne maman ? En le devenant, j'ai compris. Un enfant, aussi sage soit-il, ne te laisse pas de répit ou juste le temps pour lui de dormir. On te conseille de te reposer, mais quel est le meilleur moment ? La sieste entre une fin de biberon, un lave-vaisselle à vider, le linge à étendre et le lave-linge à remplir ? Un jour, j'ai constaté que mon entêtement à vouloir une maison propre et rangée nuisait atrocement à ma santé mentale. Aujourd'hui, je n'arrive pas encore à y faire face. Je le sais, cela me bouffe de l'intérieur, c'est viscéral. Dès le réveil, je pense déjà aux tâches que je vais devoir accomplir après ma journée de travail, avec mini-nous à surveiller et je n'arrive pas à m'octroyer ce repos dont j'ai besoin. Le temps sur pause, je ne connais pas. Je n'arrive pas à lâcher prise, car il est important pour moi que mon amoureux et notre bébé se sentent bien dans un environnement décrassé et rangé. En devenant maman, je me suis sentie coupable pour les jugements que j'avais pu porter envers les jeunes parents. J'aurais aimé avoir un regard plus bienveillant et compréhensif, car aujourd'hui, je suis à leur place. À vous, chers parents en devenir, sachez qu'il est tout à fait possible d'avoir de la vaisselle sale qui s'accumule dans l'évier, du linge qui s'empile dans la panière jusqu'à former une pyramide qui tient par magie, un champ de jouets au lieu d'un salon et de se sentir dépassé par son quotidien. Soyez indulgents avec les mères et les pères qui vous entourent, car vous pourriez bien tenir le même discours qu'eux le jour où vous serez parents.

En dehors du temps qui n'existe plus, personne ne m'a parlé de cette difficulté à être mère. C'est une angoisse constante qui se déploie : est-ce que bébé respire ? Est-ce qu'il n'a pas trop chaud ou trop froid ? Pourquoi vomit-il ? Pourquoi pleure-t-il maintenant ? Le laisser pleurer ou pas ? On ne m'a pas prévenue de tous ces doutes permanents et de toutes ces questions qui ont une réponse différente à chaque fois. Il y a aussi la culpabilité d'être fatiguée. Ton bébé, tu l'as voulu. Ton travail, tu l'as voulu aussi. De quoi tu te plains ? C'est donc ça, être maman ? Culpabiliser pour le moindre choix que l'on fait pour notre bébé et pour nous-même ? On ne m'a pas dit que j'avais le droit de craquer et de réaliser que c'était si difficile. Je culpabilise parce que je ne devrais avoir que de la joie d'être mère.

En devenant maman, j'ai aussi compris la valeur du travail. Une certaine échappatoire, une liberté retrouvée. Être dans un autre lieu que son domicile, papoter avec ses collègues pour avoir une vie sociale autre que des gazouillis. J'ai réalisé également qu'une simple sortie impliquait de mettre la poussette dans la voiture, de préparer un sac à langer rempli de portions de lait, de couches et de changes, de jeux aussi, parfois. Il faut penser au lit parapluie et, plus tard, au rehausseur de chaise. Sortir avec un bébé, c'est tout une logistique.

Presque deux ans après ce jour J, j'ai toujours aussi mal. Tout me touche au plus profond de moi. Tout m'atteint. Tout m'ébranle. Tout me fait chavirer. Tout me submerge. Je ressens encore et encore tout ça. Je suis constamment à fleur de peau. Qu'est-ce qui peut bien danser en moi comme ça ? J'honore le silence, je le parle fréquemment. J'observe. Je suis émotive, tellement trop. Je ressens tout plus fort. Je m'envole très haut dans mes émotions et je redescends tout aussi soudainement.

11.

Dure réalité

Elle est arrivée et le monde tel que je le connaissais a cessé d'exister. Il a été remplacé par quelque chose de plus doux et de plus effrayant à la fois. Le rôle que j'ai maintenant à jouer est grand, merveilleux et tellement angoissant.

Je dois être maman et salariée à temps plein. À quel moment dois-je être une compagne et une femme à temps plein ? Ai-je le temps pour ça ? Ai-je le droit de vouloir ça ? Je suis une femme avant d'être une mère. C'est à travers ma vie de compagne que je m'épanouis en tant que femme. Je vis par procuration, je ne sais pas vivre pour moi. Ma fille est mon tout, mais mon amoureux l'est tout autant. Mon amour pour chacun est différent, mais ils sont sur le même pied d'égalité. Pourtant, je sais qu'il aime notre fille plus qu'il ne m'aime moi. Ça fait mal, mais c'est comme ça. Au retour de la maternité, je me souviens de ses mots : « En fait, c'est vrai ce que l'on dit, on ne sait pas ce que c'est d'aimer jusqu'au jour où l'on devient parent. » Moi, je savais ce que c'était d'aimer, vu que je l'aimais, lui, avant ma fille. Ça veut dire quoi, qu'il ne m'aime pas ? J'aime notre fille plus que tout, mais des fois, je me sens tellement désespérée, j'ai la sensation d'étouffer. Je voudrais retrouver notre liberté d'avant. Un blouson, un casque, des gants, une moto et juste nous. Mes bras enroulés autour de lui, ma tête posée sur son dos à regarder le paysage défiler à toute allure. Je pouvais m'endormir. Je me perdais dans mes pensées en entendant cette berceuse vrombissante. Combien de balades, combien de roues arrière (ces fameux wheelings), avons-nous fait ? À moto, il me porte. Je me laisse aller, je n'ai rien à faire à part profiter. Je suis libre. Je suis heureuse de vivre cette sensation avec lui. Je repense à notre plus grande sortie moto, avec ses sœurs et leurs maris, jusqu'en Espagne, à Jaca. Nous avons roulé plus de 400 km. Une sortie du feu de Dieu ! Du beau temps, de beaux paysages pour finir trempés jusqu'à la moelle sur le retour, en pleine nuit. Nous étions de vraies éponges. Mais c'était tellement bon, j'en veux encore !

J'ai une confiance aveugle en mon pilote. Un jour de pluie, en plein centre-ville de Pau, nous devions acheter un jouet pour son neveu. Monsieur choisit de faire sa roue, mais pas de bol, les flics étaient dans les parages. Feu rouge, il passe. Je ne comprends pas, mais je ne m'en fais pas plus que ça. Je suis bien. Il accélère, regarde derrière nous. Je me retourne et c'est donc à ce moment-là que je comprends que nous sommes suivis. Gyrophares. Il accélère, je m'accroche à lui. Cette adrénaline faisait du bien, je ne craignais rien, vu que j'étais avec lui. Nous les avons semés. Mon voyou, c'est le meilleur ! Il m'en a fait d'autres, j'en ai des bonnes à vous raconter… Lorsqu'il a décidé de m'abandonner un dimanche pour aller faire une sortie moto au Pourtalet alors que nous devions faire un vide-greniers, histoire de se faire quatre sous. Je le revois me demander au téléphone, comme un enfant « Je peux aller faire de la moto ? » N'ayant pas de nouvelles de lui, j'ai ressenti au fond de moi qu'il y avait quelque chose de bizarre. En rentrant à la maison, mes yeux plongés dans les siens, je lui ai demandé ce qui s'était passé. Il m'a répondu « rien ». Évidemment, je ne l'ai pas cru, car je le sentais au plus profond de moi. Mon regard est allé instinctivement sur le guidon de la moto. J'ai vu et compris que mon cœur avait bien ressenti l'embrouille. Il aurait pu se tuer, se retrouver au fond du ravin, en bas de cette falaise le dimanche 24 septembre 2017. Le lendemain, un zona est apparu sur mon corps, causé par le choc de ce qui aurait pu lui arriver de pire. Je vais vous raconter aussi lorsqu'il s'est pris une souche d'arbre en voulant faire de la mini moto dans le sable avec un de ses acolytes. Résultat : un doigt cassé et un autre coupé en deux. Non, mais quelle idée ! Monsieur n'a pas voulu aller aux urgences directement, il a fini la soirée sous Lexomil et y est parti le lendemain matin. Qui a dû s'occuper pendant une semaine d'un bébé et d'un grand enfant ? Moi, évidemment ! J'ai dû dire adieu à ma semaine de vacances. Plus jamais ça, il est prévenu ! Qu'il se blesse le dernier jour des vacances, c'est son problème, mais pas en arrivant ! Ce genre de frayeur, peu importe le degré, je m'en passerais bien. Nous voyons tellement de drames arriver et nous savons très bien que ça n'arrive pas qu'aux autres.

Ces anecdotes me ramènent à mon échec pour le

permis moto. Je n'ai pas réussi à aller au-delà du permis 125. En même temps, du haut de mon mètre cinquante pour 45 kilos (de l'époque évidemment, que ce corps me manque !), comment pouvais-je faire avec un engin de 210 kilos entre les jambes en ne touchant pas le sol, malgré une scelle rabaissée et une moto basse ? À chaque cours de plateau lent, j'avais la boule au ventre. Je ne compte pas le nombre de fois où j'ai pleuré d'être aussi nulle. Je rentrais les jambes couvertes d'hématomes noirs à cause de la moto qui me tombait dessus. En vitesse, tout allait très bien. Au plateau lent, plus rien n'allait. J'ai honte. Plus nulle, il n'y a pas…

Nous ne perdons pas de vue que nous sommes un couple avant d'être parents. Nous partons en week-end une à deux fois par an, en amoureux. J'en ai besoin. Je veux savoir que notre amour est toujours là. Je veux être une amoureuse déjantée sans me soucier du prochain biberon, de l'heure du bain ou de la sieste. Ces moments-là, je les rêve et je les attends avec grande impatience à chaque fois. Je n'ai aucun problème à faire garder notre fille. Lui, il a un peu plus de mal. Il ne pourrait pas rester une semaine sans elle alors que moi, oui. C'est lui le soir qui me dit qu'elle lui manque, même si ça fait seulement deux heures que nous l'avons laissée à mamie et papi.

Quelle culpabilité en tant que maman que les rôles soient inversés ainsi, je m'en veux tellement ! Cela fait-il de moi une mauvaise maman que d'avoir besoin d'être autre chose qu'une mère ? Je suis bien sûr heureuse de retrouver notre fille à notre retour ! Comprend-il que j'ai besoin d'être considérée comme autre chose qu'une maman bonniche ? Les gens peuvent-ils le comprendre ou l'image de la femme en est réduite à ça ? J'ai besoin de lui, de nous en tant que couple et pas seulement de nous en tant que parents. Je suis dévastée à l'idée de ressentir tout cela. Lorsque je parle avec des mamans autour de moi, je crains leur regard et leur jugement. Elles ne sont pas comme moi. Ou plutôt, je ne suis pas comme elles. Elles vivent pour leur enfant qu'elles ne peuvent pas faire garder pour aller profiter en amoureux. Les seules fois où elles s'autorisent un moment, elles culpabilisent et n'ont qu'une hâte, c'est de retrouver leur progéniture. Je suis déchirée entre la culpabilité de prendre du temps pour moi et d'être aux anges de prendre du temps avec mon amoureux. C'est dur de poser tout ça là, noir sur blanc. Si quelqu'un me lit un jour, que va-t-il penser ? En écrivant mes doutes les plus profonds, je permets à ce lecteur imaginaire d'entrer en moi. Mais suis-je capable de faire face à son jugement ? Oui, j'en arrive à ce même point, mais de nos jours, le monde actuel est ainsi fait : du jugement en veux-tu en voilà, à tout va, sur tout et n'importe quoi. Du sujet douloureux à la petite broutille qui passe et trace sa route. Tout le monde a un avis sur absolument tout.

12.

Passionnément, à la folie

Je voudrais pouvoir danser de nouveau. J'étais douée pour la danse. Enfin quelque chose que je savais faire ! Je me souviens, lors des fêtes de l'école, c'était moi que les classes venaient chercher pour danser avec elles. J'ai enchaîné des danses variées pendant quelques années. Et un jour, j'ai arrêté, comme ça, sans raison. Ou presque. Je ne voulais pas faire les spectacles de fin d'année. Monter sur la scène et être vue. Ça n'était pas pour moi, je m'en rendais malade, alors j'ai arrêté. Et ça me manque, ça me manque tellement ! C'est avec lui que je voudrais danser. Qu'il mette la musique et qu'il me fasse virevolter au milieu du salon ou en soirée, devant notre fille qui rigolerait de nous voir nous amuser. Comme quand je suis à la cuisine et qu'il passe me mettre une main aux fesses, elle s'empresse de faire pareil en rigolant. Il n'aime pas danser. Et aujourd'hui, pour oser danser à une soirée, j'ai besoin d'une bonne dizaine de verres dans le cornet pour me lâcher et me sentir bien. « Un whisky, s'il vous plaît ! Un autre ! Oh et puis encore un ! Mon verre est vide ! » Je bois aussi du vin. Mon ordre de préférence : blanc, rouge et rosé. Je n'attends que ça, que la musique me prenne, me transporte et me possède.

J'étais douée pour la photo aussi. Je ne suis pas une artiste. Je ne suis ni danseuse, ni photographe, ni écrivaine. Je ne suis pas quelqu'un d'exceptionnel. Je suis juste moi, Émilie, bientôt 29 ans, amoureuse de mon mec et de notre fille. Ils sont mon inspiration pour les photos. Je choisis la tenue, je capte l'endroit et le paysage qu'il faut pour les sublimer encore plus. Avant, mon sujet d'inspiration était mon mec en motocross, mon mec à la pêche au thon au lac de Vieux-Boucau, mon mec dans le salon, mon mec, encore et toujours. Ça me passionnait de capturer l'instant de ses balades en prairies ou dans les bois. Plus la boue volait, plus j'aimais ça. J'étais douée pour prendre le bon angle, la bonne lumière et le moindre caillou projeté. Je le prends encore en photo sous toutes les coutures, allongé sur le canapé, assis, debout. Mon mec. Mon Homme. Mon Amour. Partout où nous allons, je suis la fille qui prend les photos, celle qui capture l'instant pour en faire des souvenirs. Et c'est ça qui fait mal. Je suis celle qui prend les photos et pas celle avec qui on se prend en photo. Je ne suis que spectatrice de leurs instants. Je ne suis que fantôme. Les souvenirs, ils les ont, grâce à moi qui aime les faire. J'immortalise ces moments avec plaisir, mais j'aimerais en faire partie. Ma mère me le dit à chaque fois « Mais personne ne t'a prise en photo ? Pourquoi n'es-tu pas sur les photos avec eux ? » Maman, si tu savais comme j'aimerais faire partie de leurs instants et de leurs souvenirs ! Est-ce que quelqu'un demandera un jour « Mais qui est-ce qui vous a pris en photo ? » Est-ce mal de vouloir être aussi devant l'objectif ? Je ne compte donc pas assez pour ne pas y être ?

J'aime capter tous les petits détails, tout le temps, pour ne jamais oublier. Les petits sourires et les éclats de rire, les regards complices, les mains amicales ou amoureuses, les cheveux dans le vent ou sous la casquette… J'aime être constamment à l'affût. Je voudrais arrêter le temps. Ça me fait sourire en pensant qu'un jour, je retrouverai ces photos de moments si précieux, mais je sais aussi que mon cœur sera déchiré de n'être qu'un fantôme de ces souvenirs. Je veux collectionner tous ces moments aussi doux que fous. Les premières fois, les moments importants, les souvenirs, c'est tout ce qu'il restera après moi, après nous. Alors, prends-nous en photo, mon amour, s'il te plaît. Fais-moi une place dans nos souvenirs, à n'importe quel moment du jour et de la nuit. Si je dois partir un jour, plus tôt que prévu, j'ai peur que notre mini-nous se demande où est sa maman, comment elle était, à quoi elle ressemblait…

Dans la vie, c'est très facile de pointer ses défauts et ses échecs, mais il faut aussi savoir affirmer ce pour quoi on est adroit. C'est dur, ça peut paraître prétentieux, mais il faut le faire pour garder la tête hors de l'eau. Et soyons honnête, si on ne se complimente pas, qui le fera ? Ma question du moment : suis-je douée pour l'écriture ? Mes mots pourraient-ils toucher quelqu'un ? Cette histoire, la mienne, pourrait-elle faire écho à une lectrice ? Depuis le 28 juillet 2021, mes mains vont et viennent sur le clavier. Que j'arrive à publier mon propre livre, ce serait bien trop beau pour être vrai ! J'aimerais tellement, j'en rêverais, mais le problème avec les rêves, c'est qu'ils sont faits pour être rêvés. Alors, je ne me fixe pas d'objectif sur l'écriture.

13.

Questions sur l'avenir

Depuis mars 2020, ici en France, comme partout dans le monde, nous sommes en crise sanitaire devenant une crise économique et sociale. Nous sommes dans un tel cyclone que l'on se croirait dans un film où nous devons faire des réserves alimentaires et combattre un virus foudroyant. En France, les premiers cas officiellement recensés le 24 janvier 2020 sont un français d'origine chinoise et deux touristes chinois ayant séjourné à Wuhan, foyer d'origine de la covid-19 en Chine centrale. On parle de pandémie, de contagion et de variants. Les hôpitaux, déjà en souffrance, doivent faire face à ces vagues relevant de tsunamis. Les plans blancs sont déployés. Je suis arrivée à l'hôpital en janvier 2020, la première vague est arrivée en mars 2020.

C'est chacun pour sa gueule… Entre le PQ, les pâtes et la farine, les rayons se vident. Va savoir pourquoi les gens se mettent à faire caca à gogo. Le confinement les fait sûrement chier. Et il y a de quoi ! Gestes barrières et distanciation physique. Personnellement, je suis bien contente de ne plus faire la bise aux gens. Ces confinements n'auront pas eu grand impact sur moi, car j'ai continué à travailler. Mais je suis compatissante envers ceux et celles qui sont arrivés à en perdre leur travail, leurs relations sociales, tous ces jeunes qui en sont arrivés au geste irréversible ou encore à ces personnes déjà seules qui sont parties tout aussi seules. J'ai été obligée de me faire vacciner alors que je ne le voulais pas. Obligée, car travaillant à l'hôpital, je n'ai pas eu le choix. C'était ça ou la perte de mon travail. Sauf que j'ai une famille. C'est quoi cette France qui nous contrôle ainsi ? Un dégoût envers ce pays qui est pourtant le mien. Si tu souhaites avoir un semblant de vie (aller au restaurant, au cinéma, au zoo…), tu dois te faire vacciner ! Allons-nous sortir un jour de cette crise ? Dans quel monde notre fille va devoir grandir ? Je veux qu'elle vive en étant libre. Qu'elle se sente comme un individu à part entière. Qu'elle grandisse en écrasant la peur. Qu'elle génère de la joie avant que l'espoir ne meure. Dans 23 jours, notre petite Emy fêtera ses deux ans. Déjà. Je suis nostalgique en repensant à ma grossesse, en repensant à toutes les étapes de sa vie depuis qu'elle est née. Elle a grandi et j'ai grandi avec elle. J'apprends encore à être une mère. Il m'arrive de regarder des vidéos de ma grossesse, lorsqu'elle commençait à bouger en moi et de ressentir encore les sensations du moment. Magique.

C'est une enfant sage, rarement malade, bonne mangeuse et bonne vivante. Elle n'est plus un bébé et devient une petite fille, un petit clown, toujours à faire le pitre. Curieuse de tout, elle dévore les livres comme elle croque la vie à pleines dents. Elle parle, beaucoup, même si on ne comprend pas toujours tout. Son premier mot, à 11 mois, c'était « merci ». Nous avons appris le langage des signes pour bébé afin de favoriser et de faciliter notre communication. Son vocabulaire, depuis qu'elle parle, se développe à vitesse grand V. Elle a fait ses premiers pas à 14 mois. Elle adore jouer à cache-cache et piquer des gâteaux à son papa. Elle est *30 millions d'amis* à elle toute seule, les chiens, les chats, les escargots, les tigres, les oiseaux… tout y passe ! Elle est d'une grande curiosité. Elle remarque toute nouvelle chose dans la maison ou un vêtement neuf que nous portons. Elle nous le dit et nous demande ce que c'est et à qui c'est. Pour l'instant, elle nous dit qu'elle est trop petite pour monter sur la moto. Mais lorsque je dois me confronter à cette mini version de moi-même, je dois avouer que je suis partagée entre l'envie de pouffer de rire ou de sortir de mes gonds. Têtue, comme sa mère. Quand elle veut quelque chose, elle est, disons, insistante !

Je la regarde et je ne vois rien de plus merveilleux que le regard d'un enfant sur le monde. Sera-t-elle mi-danseuse mi-motarde ? Continuera-t-elle à aimer les livres ? Sera-t-elle écrivaine ? Que lui réserve l'avenir ? Aura-t-elle un jour un petit frère ou une petite sœur ? Oui, je pense à la relation fraternelle évidemment, à l'échange, à la complicité, à la protection, aux disputes aussi. Mais il n'y a pas que ça. Je vous préviens, ce n'est pas ambiance *Télétubbies*, je pense à des raisons plus noires… S'il lui arrive quelque chose et que nous ne pouvons plus avoir d'enfant, alors notre famille sera détruite, nous nous retrouverons sans rien. Et si jamais il nous arrive quelque chose, elle se retrouvera seule. Orpheline. Je ne peux pas imaginer cela. Il lui faut quelqu'un. J'aimerais. L'avenir nous le dira. Alors oui, il m'est difficile d'être seulement une mère, mais j'espère en secret porter la vie une seconde et dernière fois. Plutôt paradoxal, n'est-ce pas ? Un enfant, c'est la mode. Deux enfants, c'est bien. Trois enfants, c'est jackpot pour les allocs ! Quand ils sont petits, petits soucis. Il faut pouvoir assumer et assurer ensuite leur permis de conduire, leur voiture, leurs études, leur logement…

Avoir un enfant, c'est à vie, pour le meilleur et pour le pire. Comme l'amour dans le couple.

14.

Bilan

Dans trois petits jours, nous allons fêter les deux ans de notre petite Emy. Je pense qu'elle a hérité de mon côté hypersensible. Nous devons faire attention, car un rien (pour nous) l'écorche, la touche, l'émeut et la bouleverse. Faire un bisou, un câlin à un chat ou à un chien, lui retirer un jouet ou un livre, lui faire une blague (surtout son papa quand il lui fait croire qu'il va manger son yaourt) et j'en passe ! Comment vous expliquer sa moue, ses yeux qui se remplissent de larmes, son regard de chien battu, sa bouche qui fait un sourire vers le bas et ses bras qui se tendent à la recherche d'un gros câlin réconfortant ? Elle demande simplement à être comprise, en nous montrant qu'elle a mal, qu'elle est triste, qu'elle est... je ne sais même pas comment qualifier... On la regarde et notre cœur de parent se fend. Nous avons encore beaucoup à apprendre sur sa sensibilité et sur ses émotions, de façon à ne pas lui faire de mal, mais je sais que l'on y arrivera. Comment ? Je ne sais pas, on s'adaptera !

J'ai le cœur sensible. Le père noël, la petite souris, le lapin de Pâques ou comment inculquer le mensonge à nos enfants dès leur plus jeune âge ? Et pourtant, si, j'ai osé ! Dur retour à la réalité quand nos petits bouts sauront que tout ça, ce n'est ni plus ni moins que du pipeau ! C'est ça être maman, apprendre à aimer ce que l'on détestait. J'aime la magie de Noël et sa féerie qui émerveille notre enfant et qui dépose des étoiles dans ses yeux. Au second Noël de notre mini-nous, j'ai vu ses yeux brillants à la vue des guirlandes lumineuses qui habillaient ce grand sapin chez sa tatie Mina, une belle personne, dans tous les sens du terme. Je l'envie tellement, je la jalouse presque, honteusement. Elle est auteure, photographe, elle a fait le tour du monde... Elle est passionnée, passionnante et chère à mon cœur. Les yeux de notre bébé étaient remplis d'admiration et de tendresse, ses petites mains allaient vers ces lumières pour les caresser, doucement et délicatement.

Je revois mon amoureux, ému à l'ouverture d'un de ses cadeaux : un bracelet avec une ancre, personnalisé au doux nom de Papoune, et le même bracelet, plus petit, pour notre bébé, avec son surnom donné par son papa, Mamotte. Sur le moment, il n'a pas dit un mot. Merde, cadeau pourri… Non, il m'a avoué après qu'il en avait eu la larme à l'œil, que cette attention l'avait touché. Ouf ! En fait, il va être un brin romantique et cul-cul lui aussi dès qu'il s'agit de notre mini-nous ! Pourquoi Mamotte ? Simplement à cause d'une marmotte, notre bébé ne sachant pas prononcer le R. Et à ce Noël, nous avions été connectés, dès le début, sans le savoir ! Nous avons l'habitude de nous offrir un cadeau chez nous avant le repas familial du 24 au soir, un autre chez sa famille et un dernier, le 25 au midi chez ma famille, pour avoir un cadeau à ouvrir nous aussi, grands enfants que nous sommes. Cette année-là, nous nous sommes offerts une montre et une superbe combi pilou-pilou de la marque Picture. Qu'est-ce que l'on est bien dedans quand il fait froid, complètement à poil, évidemment ! Quand je vous disais que nous formions une bonne équipe, nous sommes connectés, pour de vrai. Les mêmes cadeaux, en même temps.

Je regarde le chemin parcouru. La route est encore longue, mais je suis une maman fière de sa fille et de son papa. Mais aussi de moi, car je ne me suis pas trop mal débrouillée dans le domaine de la parentalité. Il faut bien s'envoyer quelques fleurs de temps en temps ! J'ai dit un peu plus haut que je ne me fixais pas d'objectif d'écriture, mais je décide d'arrêter là, si près de ses deux ans. Nous sommes dans les préparatifs, je finis tout ce que je dois terminer au travail avant de partir enfin en vacances, le vendredi 3 septembre... J'ai vu tout le monde défiler et, maintenant, c'est à notre tour de partir alors que les autres travailleront. C'est à nous d'aller nous déconnecter, nous reposer, découvrir, profiter et se prélasser sur la plage abandonnée, avec coquillages et crustacés. Des souvenirs, je veux nous en créer, j'immortaliserai là encore chaque moment. Il est grand temps d'aller respirer pour ne plus être asphyxiée par le trop-plein du travail, celui de n'être qu'une maman, le manque d'air, le temps de merde, le bureau sans fenêtre, le trop-plein de tout et n'importe quoi. Il est plus que temps d'aller prendre un bon gros bol d'air marin, un bon gros coup de soleil aussi, sûrement. Pour revenir vivifiée, en forme et prête à recommencer ce train-train jusqu'aux prochaines vacances, en décembre.

15.

Quand le corps parle

Me revoilà. Eh oui, je n'avais pas vraiment prévu de réécrire, mais apparemment, cela ne se commande pas !

Je vous ai laissés sur les préparatifs de ce deuxième anniversaire, mais également en mode « plein le cul de tout » et dans l'impatience des vacances d'été. Je n'avais pas pris en compte que j'allais avoir besoin d'écrire ma vie de folie le lendemain où je vous ai dit au revoir, à deux jours de son anniversaire et à neuf jours des vacances. Pourquoi ? Parce que j'ai un zona. Eh oui, jamais deux sans trois ! Cela fait trois jours qu'il a commencé, mais au début, j'ai pris ça pour des piqûres de moustiques vu que nous sommes envahis de ces insectes tigres. Notre fille, mon mec et moi-même sommes piqués sans arrêt. C'est ce jeudi 26 août que j'ai compris que c'était un zona, à cause de l'aspect, de la douleur, de la brûlure et des démangeaisons. Je dois trouver rapidement quelqu'un pour me porter. Oui, pour me porter, c'est comme cela que cette merde se soigne.

Le zona, c'est quoi ? Petit point dico. « C'est la manifestation d'une réactivation du virus de la varicelle, le plus souvent chez les adultes âgés de plus de 50 ans. Il touche particulièrement les personnes vulnérables au stress et au surmenage. Il se caractérise par des douleurs névralgiques qui siègent généralement non loin d'une éruption cutanée, type piqûres d'orties et vésicules, groupées en grappes ou en plaques. La peau est également extrêmement sensible au toucher. Il est important de le traiter rapidement : les douleurs seront alors moins fortes et le zona plus facile à traiter. » STOP ! « Chez les adultes de plus de 50 ans » On en parle du fait que je n'ai pas encore 29 ans et que je totalise, à ce jour, trois zonas ? Alors oui, je sais que je suis à bout de tout, mais quand même… Mon but est donc d'agir au plus vite avec le magnétiseur pour éviter sa propagation, couper le feu et retrouver mon corps. Peut-être que certains d'entre vous ne croient pas à ces sorciers, je n'y croyais pas non plus et pourtant, mon premier et mon second ont été soignés ainsi.

J'ai contracté le premier zona lorsque j'étais au lycée, suite à une rupture douloureuse et un mal-être au sein de cette classe. Je m'en souviens comme si c'était hier. Je voyais cette chose grandir et prendre place sur mon corps, coté hanche droite, du ventre jusqu'au dos. Je ne m'en suis pas plus préoccupée que ça. Puis, sont venues la douleur, les brûlures et l'envie de me gratter. J'ai gardé ça pour moi, je ne suis pas douillette. Jusqu'au jour où, au lycée, ne tenant plus debout, je me suis rendue à l'infirmerie. Vous savez, là où l'on se demande si c'est vraiment ça, être infirmière. Ça faisait trois semaines que je tenais bon. Ma mère est venue me chercher et m'a emmenée chez le docteur, sur les conseils de l'infirmière qui a émis cette suspicion de zona. Putain, quelle merde, j'ai mal ! À l'époque, c'est tonton Henri qui m'a soignée. Je ne t'oublie pas, toi, avec ton béret qui cachait un crâne blanc comme un cul, à l'inverse de ton visage bronzé marqué par le temps. Ta voix rauque de vieux fumeur de Gitanes, ces clopes qui puent tellement, et ton verre de Ricard. Je vois encore tes grosses lunettes et ta moustache. Ce tonton, je l'ai vu trois fois, un lundi, un mardi et un vendredi. La nuit venait de tomber. Nous étions seuls dans la cuisine avec sa magie. Personne d'autre ne devait être dans la pièce, personne ne connaissait sa manière de soigner, c'était un secret. Je devais répéter la fameuse prière « Je vous salue Marie » que j'ai apprise par cœur, afin de pouvoir la répéter le nombre de fois nécessaire pour ma guérison. Je regrette tellement de ne pas avoir ton don, que tu n'aies pas pu me le transmettre. Je trouve cela tellement fascinant, miraculeux, extraordinaire d'avoir ce pouvoir de guérir les gens !

Le second zona, j'étais avec mon amoureux. Vous vous souvenez de cette sortie au Pourtalet où j'ai compris ce qui s'était passé et ce qui aurait pu se passer ? Bingo ! Mêmes symptômes, même endroit du corps. Tonton ayant rejoint les étoiles depuis quelques années, je devais trouver un autre guérisseur au plus vite. J'ai fait marcher le bouche-à-oreilles et pouf ! Ma belle-sœur a une amie qui le soigne ! Là encore, la guérison s'est passée dans la cuisine, mais avec un rituel différent, sans un mot pour ma part. Elle était la seule à parler sans que je ne l'entende. Je devais ensuite répéter une phrase trois fois de suite et ce, plusieurs fois. C'est ainsi que j'ai guéri.

Et aujourd'hui, le troisième zona apparaît. Travaillant à l'hôpital, je vais au secrétariat de dermatologie, le service le plus approprié selon moi. Je souhaite simplement une confirmation que c'est bien un zona afin de trouver un guérisseur au plus vite, une fois encore. Je ne vais pas m'étaler sur le fait que la secrétaire médicale m'a envoyée chier. Je dois passer par mon médecin traitant. Oui, merci, j'ai appelé, le secrétariat est fermé. Échec. Je décide donc d'aller chez le docteur à l'improviste, après le travail. Je suis reçue, je suis vue, mais pas par mon médecin traitant qui me suis depuis que je suis toute petite. Oui, je parle bien de mon âge et pas de ma taille, pour ceux qui en auraient douté. Ce médecin, dont je tairai le nom, je le déteste depuis toujours. Je ne le sens pas, c'est physique. Il me reçoit, me parle en me dévisageant de son regard vicieux tout en me prenant de haut. Il pouffe de rire lorsque je lui explique que je suis sûre à 99 % que j'ai le zona, car mon corps a déjà connu ça. Il m'ausculte, je lève juste mon débardeur afin qu'il puisse voir la zone infectée, mais me dit de l'enlever entièrement. Bon, je prends sur moi et je sens qu'il touche avec ses gros doigts. Il prend son temps et j'attends qu'il me dise que je peux me rhabiller. Il avait juste à regarder, pas à prendre son temps ni toucher ! Je remets au plus vite mon débardeur. Encore une fois, il me rit au nez et me donne de l'antihistaminique, qu'évidemment, je ne prendrai pas. Une collègue m'a donné le contact d'une guérisseuse et j'ai pu avoir rendez-vous le jour J à 19 h. Malgré l'avis de ce plouc, je vais la voir. Je suis accueillie par une belle femme qui m'invite à la suivre. Une quarantaine d'années, cheveux courts, yeux clairs, peau bronzée par l'été, habillée d'une jolie robe longue et les pieds nus. Elle a une grande maison, un jardin fleuri et un petit chien en guise de comité d'accueil. Elle m'invite à entrer dans sa pièce. Au centre, une table de massage, sur le côté, une petite table basse en bois et deux petits fauteuils jaune moutarde. Sur l'autre pan de mur, un buffet avec des bougies et de la décoration ambiance zen. « Alors, comment vous sentez-vous ? Vous savez que le zona est principalement nerveux ? » Bien sûr, je le sais que c'est dû au stress et aux émotions refoulées. Je n'ai pas le temps de prononcer un seul mot que je m'effondre. Silencieusement, mes larmes roulent sur mes joues. Je me cache derrière mes mains et je m'excuse. Elle est tellement douce et compréhensive en m'expliquant qu'elle est là pour ça aussi, que cette pièce est dédiée à recevoir toutes les émotions de ses patients et, en me déposant une boîte de mouchoirs sur la petite table, elle me dit en rigolant « Regardez, j'ai tout prévu pour ! ». Je lui exprime mon degré de fatigue, le fait que je suis à bout, que tout me touche. À bout de tout, simplement…

Vous avez déjà ressenti ça vous aussi, les filles ? Être tellement au bout de tout que vous ne faites que pleurer lorsque vous vous retrouvez seule et même parfois lorsque vous êtes entourée, en journée, en soirée ou encore la nuit. Pour un mot, pour un regard, pour une musique entendue, pour une pensée… On peut être entourée, accompagnée, mais se sentir tellement seule. Quel est ce cercle infernal dans lequel je suis depuis quelques jours, voire quelques semaines ? Je parle seulement de ma fatigue. Je suis fatiguée, ça ne veut pas simplement dire que j'ai besoin de dormir, non. Je suis fatiguée, ce n'est pas seulement physique. Je suis épuisée moralement, émotionnellement. Je me sens vidée mentalement. Je me sens comme un poids qui erre, à bout de forces.

Elle m'explique que, à travers ce zona, c'est mon corps qui sort les émotions que je n'ai pas sorties et que j'ai gardées en moi. Mon corps me dit stop. Il me dit de prendre soin de moi. De penser à moi. De me reposer. De savoir dire non aux autres et pas seulement à moi-même. Encore une fois, si je ne prends pas soin de moi, qui le fera ? Après cette parenthèse larmoyante et honteuse, je m'installe sur cette table de massage, à plat ventre. J'ai honte d'avoir craqué, honte qu'une inconnue m'ait vue pleurer à cause de la fatigue. J'ai évidemment encore plus honte lorsque je craque sans raison apparente devant des collègues ou de la famille. Je ne veux pas que l'on me sente vulnérable et faible comme ça. Je suis quelqu'un de fort, car j'ai une grande tolérance à la douleur, tant physique que morale, mais là… je perds pied, j'ai réellement besoin de vacances, loin du travail, loin de ce monde. J'ai de nouveau l'envie d'être invisible, de ne pas exister…

Elle commence le soin. Une boule de chaleur sur la zone concernée m'envahit et me transperce. Je ressens une pression énorme. Elle me dit ressentir également beaucoup de choses. Je ne sens pas ses mains sur moi, je suppose qu'elle les place au-dessus du zona. Le soin dure une vingtaine de minutes. Ma tête est dans le trou de la table, j'ai envie de pleurer, encore. Je ne sais même pas pourquoi. Sûrement un trop-plein d'émotions qui a besoin de sortir. Elle me conseille de boire beaucoup d'eau, le second rendez-vous est fixé au samedi 28 août à 19h, le jour de l'anniversaire de notre poupée. Je m'éclipserai donc le temps de la séance. Je vais avoir besoin de quatre séances pour le faire disparaître totalement. J'espère qu'il ne reviendra plus.

Je rentre, j'ai envie de me gratter comme jamais. Je me sens exténuée. C'est une bonne chose, cela veut dire que ça guérit. Le soin fait son effet. Ma petite Emy me demande « T'as soigné le bobo, maman ? » Si seulement tout mon « moi » pouvait être soigné, ma fille ! Je ne dois pas pleurer, je ne dois pas craquer devant ma fille. Devant ce petit être joyeux, inconscient, innocent, doux et souriant. Mon petit clown. Elle est la jolie poupée d'amour de ma vie.

Je suis une maman au bout du rouleau, mais je souris. Être mère est le métier le plus difficile au monde et j'espère le faire bien mieux que ce que je ne peux le croire.

Il est temps pour moi de partir en vacances…

16.

Mes arcs-en-ciel

Souvent, on la regarde, on se regarde et on sourit. C'est ça que je veux préserver. Nos regards qui continuent à se tourner l'un vers l'autre. Nos bras qui la bercent et nos bouches qui embrassent les petits bobos. Nos corps qui continuent de s'enlacer et nos lèvres qui continuent de se rencontrer. Que l'on se surprenne, encore et toujours. Que la magie continue pour que le feu brûle aussi fort en nous. Être parents ne veut pas dire s'oublier. Parce que je t'aime, toi, le papa de ma fille, mon amant, mon ami, mon amour, mon tout. Comme disait Frida Kahlo « Je t'aime plus que ma propre peau. » Parce que le temps qui passe ne reviendra pas. Parce que l'amour ne se divise pas, il se multiplie. Ma vie pour la vôtre. Je veux des arcs-en-ciel, des wheelings et des clics d'appareils photo. Encore, avec vous et pour toujours.

À toi, à vous, à nous trois. V + (Ex2)

Épilogue

Je suis là, dans ce monde et je continue ma route. Il m'arrive de pleurer, mais aussi de sourire. Ce petit bout de femme que je suis continue d'avancer (mon plus grand rêve reste tout de même de prendre dix centimètres !). Pour moi, une personne forte n'est pas celle qui ne pleure jamais, mais celle qui peut s'effondrer et qui va continuer d'avancer et de se battre.

Je réalise ce rêve d'écrire un bout de mon histoire et de laisser une petite trace de mon passage. Toi, lecteur, peut-être que, pour mon plus grand plaisir, j'ai réussi à te transmettre quelques émotions, que tu as été ému, que tu as souri ? Ce serait ma plus belle récompense ! T'en ai-je trop dit ou pas assez ? As-tu été conquis, séduis ? Peut-être souhaites-tu en découvrir davantage sur moi ? J'ai choisi de me dévoiler, mais pas trop, pas tout. Ce livre est simplement moi, simplement nous.

Qui sait, peut-être nous rencontrerons-nous un jour ?

REMERCIEMENTS

Je remercie ma belle-sœur d'être restée dans la confidence de cet écrit et de m'avoir rassurée avec ses mots doux qui m'ont touchée au plus profond.

Je remercie grandement Virginie Roger, correctrice professionnelle, qui a sublimé mon texte. Elle est auteure également, et je vous invite à découvrir son feel-good *Le Club des poulettes en détresse*.

Merci à Maryline, correctrice professionnelle en collaboration avec Virginie, qui a décelé les dernières coquilles et envers qui je m'excuse d'avoir utilisé tant de gros mots !

Merci à Maud Viotty pour le travail de mise en page. Je vous recommande ses romans *Ma douce Eugénie*, *Juste un peu d'elles* et *J'ai presque plus ma tête depuis toi*. Trois livres qui m'ont émue et fait sourire.

Et bien sûr, Adeline Terol, l'illustratrice qui a répondu à mes attentes à la perfection.

Enfin, le meilleur pour la fin : à mes arcs-en-ciel, mon amour de Valentin et notre petite Emy, bientôt trois ans. Je n'aurais évidemment pas écrit sans eux, car ils sont mon inspiration au quotidien, même si parfois, je l'avoue, ils me mettent bien en colère. Je vous aime de tout mon petit moi !